BASISWISSEN FIT IM JOB

ERFOLGREICH VERHANDELN

W0273922

TIM HINDLE

Dorling Kindersley

DORLING KINDERSLEY

Projektbetreuung Sasha Heseltine
Bildbetreuung Ellen Woodward
Redaktion Marian Broderick
Gestaltung Elaine C. Monaghan
Austin Barlow
Redaktionsassistenz Felicity Crowe
Designassistenz Laura Watson

DTP-Design Jason Little
Herstellung Alison Jones

Reihenbetreuung Jane Simmonds
Reihenbildbetreuung Jayne Jones

Cheflektorat Stephanie Jackson
Chefbildlektorat Nigel Duffield

Die Deutsche Bibliothek – CIP-Einheitsaufnahme

Ein Titeldatensatz für diese Publikation ist bei Der Deutschen Bibliothek erhältlich.

Titel der englischen Originalausgabe:
Negotiating Skills

© Dorling Kindersley Limited, London, 1998
Text © Tim Hindle, 1998

© der deutschsprachigen Ausgabe by Dorling Kindersley Verlag GmbH, München, 2001
Alle deutschsprachigen Rechte vorbehalten

Übersetzung Erwin Peters, Helmut Reuter und Wolfgang Rhiel für Redaktionsbüro Dr. Karl-Heinz Ludwig, München
Redaktion Brigitte Maier, text + konzept, München
Satz Wolfgang Lehner, München

ISBN 3-8310-0117-0

Besuchen Sie uns im Internet
www.dk.com

INHALT

GUTE VORBEREITUNG

Verhandlungs-führung

Abschluss der Verhandlung

EINLEITUNG

Verhandlungen erfolgen zwischen zwei oder mehr Parteien, von denen jede etwas besitzt, was die andere gern hätte. Verhandlungen enthalten ein Geben und Nehmen und führen zu einer Übereinkunft. Dieses Kapitel erläutert die Grundzüge des Verhandelns und vermittelt Ihnen die Fähigkeit, Verhandlungen sicher zu einem annehmbaren Ergebnis zu führen. Alle wichtigen Informationen zum Verhandlungsprozess sind übersichtlich dargestellt. Außerdem finden Sie hier 101 praktische Tipps von den Verhandlungsvorbereitungen bis zum Abschluss. Das Kapitel eignet sich für Neulinge wie für erfahrene Unterhändler. Es bietet Ratschläge zur richtigen Strategie, zu notwendigen Konzessionen und für heikle Situationen.

GUTE VORBEREITUNG

Für eine erfolgreiche Verhandlung braucht man das Ziel und eine Strategie, um es zu erreichen. Bereiten Sie sich gründlich vor, damit Ihr Schlachtplan zum Erfolg führt.

WAS HEISST VERHANDELN?

Zu einer Verhandlung kommt es, wenn jemand etwas besitzt, was Sie gern hätten, und Sie bereit sind, etwas dafür zu geben – und umgekehrt. Verhandlungen finden täglich statt, zwischen Familienmitgliedern, im Laden und auch am Arbeitsplatz.

1 Um gut zu verhandeln, sollten Sie die Bedürfnisse der Gegenseite kennen.

2 Denken Sie daran: Ein Verhandlungsführer kann nie zu gut vorbereitet sein.

WIE FUNKTIONIERT VERHANDELN?

Erfolgreiches Verhandeln – der Versuch zweier Personen, ein für beide annehmbares Ergebnis zu erzielen – sollte keine Gewinner und Verlierer haben. Dieser Prozess endet mit einer für beide Seiten befriedigenden Lösung oder er scheitert – für beide Seiten. Die Kunst des Verhandelns beruht auf dem Versuch, ein für Sie gutes Ergebnis mit einem guten Ergebnis für die Gegenseite in Einklang zu bringen. Um diese Situation zu erreichen, in der beide Seiten gewinnen, müssen Sie gut vorbereitet, wachsam und flexibel sein.

VERHANDLUNGSFÄHIGKEIT

Verhandeln kann jeder lernen, und es gibt reichlich Gelegenheiten, es praktisch einzusetzen. Die wichtigsten Fähigkeiten für erfolgreiches Verhandeln sind:

- Mehrere Ziele bestimmen, aber doch flexibel bleiben.
- Die Möglichkeiten der verschiedenen Optionen ausloten.
- Sich gut vorbereiten.
- Interaktives Geschick, d. h. gut zuhören und Fragen stellen können.
- Prioritäten setzen.

Diese Fähigkeiten sind im Alltag ebenso nützlich wie bei Verhandlungen. Wenn Sie all das erlernen, verbessern Sie nicht nur Ihre Kompetenz am Verhandlungstisch.

3 **Fassen Sie zunächst Gewinne ins Auge, nicht Verluste.**

4 **Üben Sie zu verhandeln, um sich zu verbessern.**

▼ GENAU BEOBACHTEN

Zu Beginn einer Verhandlung sitzen sich zwei Teams an einem Tisch gegenüber. Achten Sie darauf, inwieweit die Körpersprache der Teammitglieder ihre Partner bekräftigt.

VERHANDLUNGSSTILE

Unterschiedliche Verhandlungsstile erfordern unterschiedliche Fähigkeiten. Im Geschäftsleben zeigt jeder Verhandlungsfall seine Besonderheiten: Es kann förmlich oder zwanglos zugehen, mehrere oder nur ein Treffen geben, je nachdem, wer um was verhandelt. Die Beteiligten bei einem Geschäft – Angestellte, Aktionäre, Gewerkschaften, Manager, Lieferanten, Kunden oder der Staat – haben unterschiedliche Interessen und Ansichten. Welcher Gruppe Sie auch angehören, Sie müssen diese Unterschiede durch Verhandeln ausgleichen: Aktionäre verhandeln z. B. mit der Firmenleitung über die Unternehmensstrategie, Gewerkschaften verhandeln mit Arbeitgebern über Lohn und der Staat verhandelt über die Besteuerung.

5 Seien Sie bei Verhandlungen kompromissbereit.

6 Stimmen Sie Ihre Strategie auf die Art der Verhandlung ab.

VERHANDLUNGSSTILE IN FIRMEN

STILE	BEISPIELE	BETEILIGTE
ALLTÄGLICH/FIRMA Bei diesen Verhandlungen geht es um interne Probleme, z. B. Arbeitsbeziehungen, Gehalt, Überstunden.	• Aushandeln von Löhnen, Arbeitszeit und Arbeitsbedingungen • Arbeitsplatzbeschreibungen und Verantwortlichkeiten • Produktionssteigerung	• Firmenleitung • Mitarbeiter • Kollegen • Gewerkschaften • Anwälte
KOMMERZIELL Wichtigster Antrieb bei Verhandlungen zwischen der Firma und Kunden/Lieferanten ist die höhere Gewinnspanne.	• Vertragsverhandlung für einen Auftrag von Kunden • Zeitplan für Auslieferung von Waren und Dienstleistungen • Qualitäts- und Preisabsprachen	• Firmenleitung • Lieferanten • Kunden • Staat • Gewerkschaften • Anwälte
JURISTISCH Diese Verhandlungen sind offiziell und rechtlich bindend, z. B. Auseinandersetzungen über Kartelle und Monopole.	• Verhandlung mit Stadtbehörde über Baurecht • Verhandlungen mit Kartellbehörde über Marktanteile oder Firmenzukauf	• Ortsbehörden • Landesbehörden • Regulierungsstellen • Anwälte • Gutachter

VERTRETER BEAUFTRAGEN

John F. Kennedy hat einmal gesagt: »Lasst uns nie aus Furcht verhandeln, aber lasst uns auch nie Angst haben zu verhandeln.« Tatsächlich verhandeln viele Menschen ungern, weil sie sich vor dem unvertrauten Vorgang und den vielen Entscheidungen, die im Laufe einer Verhandlung schnell getroffen werden müssen, fürchten. Für solche Fälle kann man sich einen Vertreter suchen. Er kann so viel oder so wenig Vollmacht haben, wie Sie als Auftraggeber ihm zubilligen. Sie sollten den Umfang dieser Vollmacht jedoch immer vor der Verhandlung eindeutig und am besten schriftlich festlegen.

Typische Beispiele für Vertreter sind Gewerkschafter, die im Namen von Beschäftigten stellvertretend verhandeln, und Anwälte, die für verschiedene Interessengruppen wie Unternehmensleitung, Aktionäre und Kunden verhandeln.

7 **Definieren Sie den Verantwortungsbereich eines Vertreters eindeutig.**

NICHT VERGESSEN

- Bei Verhandlungen müssen Sie wissen, wo Sie nachgeben können – und wo nicht.
- Ein unklarer Verhandlungspunkt muss geklärt werden, bevor die Verhandlung fortgeführt wird.
- Verhandeln bedeutet immer, dass Sie bereit sein müssen, bezüglich Ihrer Ziele Kompromisse zu schließen.
- Alles, was für Sie als Verhandelnder gilt, gilt auch für die Gegenpartei.

ALLTÄGLICHE VERHANDLUNGEN

Der Alltag erfordert häufig Verhandlungen: Sie erklären sich vielleicht bereit, die Kinder Ihres Nachbarn jeden Montag und Donnerstag mit zur Schule zu nehmen, wenn er ihre Kinder dienstags und freitags hinfährt; mittwochs wechseln Sie sich ab. Gelegentlich muss etwas auch neu verhandelt werden: Sie haben z. B. auf einem Flohmarkt den Preis für eine Vase ausgehandelt. Wenn Sie aber mehr kaufen, sollten Sie einen niedrigeren Preis für die Vase erzielen können. Wenn Sie ein Kaufangebot für ein Haus abgeben, müssen Sie Ihr Angebot u. U. erhöhen und neu verhandeln, wenn ein weiterer Interessent auftaucht.

▲ **MIT MAKLERN VERHANDELN**
Wenn Sie ein Haus erwerben möchten, werden Sie die Kaufbedingungen mit einem Makler aushandeln müssen, der die Interessen des Verkäufers vertritt.

GRUNDSÄTZE DES TAUSCHENS

Wenn man alle Verhandlungsteile richtig anpackt (Vorbereitung, Angebot, Diskussion, Verhandeln, Abschluss), dann führt das meist zu einem erfolgreichen Ergebnis. Grundlage dafür ist der Tausch: Man muss etwas geben, um etwas zu bekommen.

8 Klären Sie Prioritäten: Bei weniger wichtigen Punkten geben Sie nach.

VERHANDLUNGSPHASEN

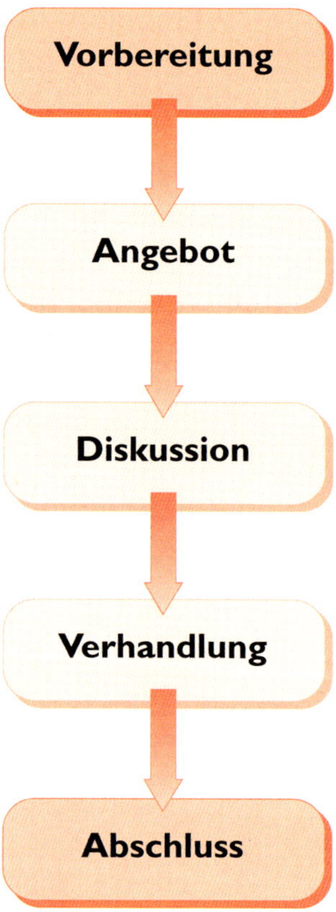

GEWINN FÜR BEIDE SEITEN

Der Schlüssel zum erfolgreichen Verhandeln liegt in der Einsicht, dass jede Seite für ihre Zugeständnisse als Gegenleistung einen Wert erhalten muss. Nur dann können sich alle Beteiligten erfolgreich fühlen. Machen Sie sich bewusst, dass etwas für Sie Wertvolles für die andere Seite vielleicht uninteressant ist. Während beim Sport nur eine Seite gewinnen kann, sollten Verhandlungen mit einem Gewinn für beide Seiten enden. Bei Verhandlungen zwischen Gewerkschaften und einem Unternehmen erzielen erstere vielleicht höhere Löhne für ihre Mitglieder, während das Unternehmen die Gewissheit höherer Produktivität erhält.

KULTURELLE UNTERSCHIEDE

Andere Kulturen gehen Verhandlungen ganz anders an: So ist die Abneigung der Japaner gegen offene Auseinandersetzungen für die beteiligten europäischen und amerikanischen Verhandlungsführer oft irritierend. Den Japanern dagegen fällt es offenbar schwer, unzweideutige Aussagen und Positionen in einen Kompromiss einzuarbeiten.

NOTWENDIGE FLEXIBILITÄT

Flexibilität ist an jedem Verhandlungstisch unentbehrlich. Das Gleichgewicht der Kräfte schwankt zwischen den Parteien im Verlauf der Verhandlung. Wenn Sie z. B. auf dem Markt um ein Souvenir feilschen, dann erlahmt Ihr Interesse vielleicht, wenn Sie erfahren, dass der Verkäufer dieses nicht zu Ihnen nach Hause liefern kann – Sie müssen alles, was Sie kaufen, selbst mitnehmen. Der Verkäufer erkennt Ihr nachlassendes Interesse – und Sie können mit einem Preisnachlass rechnen.

9 Flexibilität ist Zeichen von Stärke, nicht von Schwäche.

10 Eine übereilte Zustimmung bereuen Sie oft hinterher.

FALLBEISPIEL

Der freie Architekt John hatte gerade keine Aufträge, als der Bauträger Bill ihn um Pläne für ein Kaufhaus bat, das er in der Stadtmitte errichten wollte. John sagte zu. Bill bot, da er Johns schlechte Auftragslage erkannte, nur die Hälfte des üblichen Honorars. John machte Einwände, war dann aber doch bereit, für 60 Prozent des normalen Honorars zu arbeiten. Der Auftrag war uninteressant und erforderte weite Reisen.

Beide Seiten sahen Bill als Gewinner und John als Verlierer. Ein paar Wochen darauf bekam John einen großen neuen Auftrag und verlor die Lust an Bills Projekt. Er erledigte es hastig am Abend, wenn er müde war.

Nach Fertigstellung hatte das Kaufhaus eine undichte Stelle, vielleicht eine Folge von Johns Lustlosigkeit. Bill versuchte vergeblich, den Schaden billig zu beheben. Die Kunden blieben aus – nach drei Jahren schloss Bill das Kaufhaus.

◄ ERFOLGLOSER AUSTAUSCH

In diesem Fall hatten die Verhandlungen zunächst einen scheinbaren Gewinner und einen scheinbaren Verlierer. Nach einiger Zeit änderte sich die Lage jedoch: John war am Ende oben, während der »Gewinner« Bill seinen teuren Fehler erkannte, am Anfang Geld sparen zu wollen.

EIN GUTER TAUSCH ►

In diesem Fall kann man beide Seiten als Gewinner bezeichnen: Juan erkannte, dass das Software-Unternehmen nicht mehr Geld bieten würde, und so schloss man ein Bündnis. Beide Seiten erreichten das gemeinsame Ziel, eine Minimierung des Verlustes im Falle des Scheiterns und eine Maximierung des Gewinns im Erfolgsfall.

FALLBEISPIEL

Der Softwaredesigner Juan hatte eine Idee für ein neues Computerspiel, dem er größte Chancen einräumte. Das Programmieren erforderte jedoch neun Monate – und in dieser Zeit musste er ja schließlich auch von etwas leben.

Er sprach mit seiner Freundin Maria, Managerin in einem großen Software-Unternehmen. Maria fand die Idee gut, bot Juan aber nur 10 000 $. Juan erklärte, er könne von den 10 000 $ sehr wohl neun Monate leben, aber der Anreiz sei ihm viel zu gering.

Juan schlug vor, 10 000 $ als Vorauszahlung auf künftige Gewinne zu betrachten und die Gewinne im Verhältnis 25:75 mit dem Unternehmen zu teilen. Sie einigten sich schließlich auf 20:80. Das Spiel wurde mit einer großen Marketingkampagne gestartet, wurde ein Riesenerfolg – und brachte beiden Seiten sehr viel Geld ein.

DIE ZIELE BESTIMMEN

Der erste Schritt zur Planung jeder Verhandlung besteht darin, alle Ziele zu bestimmen. Was möchten Sie mit der Verhandlung erreichen? Erst wenn Sie dies wissen, können Sie anfangen, einen Schlachtplan aufzustellen, um die Ziele zu erreichen.

11 Schreiben Sie all Ihre Ziele auf und ordnen Sie diese nach Wichtigkeit.

12 Bestimmen Sie die Punkte, bei denen ein/kein Kompromiss möglich ist.

13 Fassen Sie jedes Ziel in einem Satz zusammen.

DIE ZIELE ABKLÄREN

Bei Verhandlungen geht es nur selten um ein einziges Ziel: Sie kaufen im Ausland ein Schachspiel, möchten es aber auch mit Kreditkarte bezahlen und zollfrei nach Hause nehmen. Der Kauf ist also nicht das einzige Ziel. Auch wenn Gewerkschaften um höhere Löhne verhandeln, möchten sie vielleicht gleichzeitig Arbeitszeiten verkürzen oder die Bezahlung für Sonntagsarbeit verbessern.

Erstellen Sie vor Verhandlungsbeginn eine Liste all Ihrer Ziele, ordnen Sie diese nach ihrer Wichtigkeit und bestimmen Sie die Ziel und Ergebnisse, auf die Sie ohne Verlust verzichten können. Sobald es während der Verhandlung um mögliche Kompromisse geht, wissen Sie, welche Ziele für Sie vorrangig und unabdingbar sind.

PRIORITÄTEN FESTLEGEN

AUFTRAGGEBER	PRIORITÄT	LIEFERANT
Preis	Eins	Qualität
Zeit	Zwei	Preis
Qualität	Drei	Zeit
Menge	Vier	Menge

PRIORITÄTEN ORDNEN

Unterteilen Sie Ihre Prioritäten in drei Gruppen:

- In Ihre Idealvorstellungen.
- In jene, die ein realistisches Ziel darstellen.
- In jene, die Sie mindestens erreichen müssen, damit die Verhandlung für Sie keinen Fehlschlag darstellt.

Messen Sie jedem Ziel einen Wert bei. Wenn Ihr Hauptziel z. B. der Kauf eines Schachspiels ist, bewerten Sie es mit zehn. Auf das Bezahlen mit Kreditkarte können Sie verzichten und bewerten es mit zwei. Ein Spiel aus Marmor hat vielleicht einen Wert von sieben. Wer so seine Prioritäten setzt, schließt am Ende nicht falsche Kompromisse.

14 **Geben Sie vor der Verhandlung alle unrealistischen Ziele auf.**

FALLBEISPIEL

Kevin stand kurz davor, eine neue, besser bezahlte Stelle bei der Firma Great Universal Technology (GUT) anzutreten, GUT lehnte es jedoch ohne nähere Angaben ab, ihn in die firmeneigene Altersvorsorge aufzunehmen. GUT wollte statt dessen einen vergleichbaren Betrag für eine Altersvorsorge seiner Wahl zahlen.

Kevin sprach mit einem Fachmann und erfuhr, dass er bei einem solchen Wechsel draufzahlen würde. In der Annahme, GUT werde kompromissbereit sein, bestand er darauf, in die firmeneigene Altersvorsorge aufgenommen zu werden. GUT zog sein Stellenangebot zurück und erklärte, seine Aufnahme in die Kasse erfordere eine Änderung der Rentenpläne aller anderen Mitarbeiter. Zu dieser grundlegenden Umstellung sei man nicht bereit. Die Verhandlung zerschlug sich, weil GUT das Problem nicht restlos erklärt hatte.

PRIORITÄTEN BEWERTEN

In Kevins Fall war die Rente wichtiger als die anderen Arbeitsvergünstigungen. Für GUT überstiegen die Kosten einer Rentenregelung die Vorteile, eine gute Arbeitskraft zu gewinnen.

WUNSCH ODER NOTWENDIGKEIT?

Eine nützliche Unterscheidung bei der Bewertung unterschiedlicher Ziele ist die zwischen Wunsch und Notwendigkeit: Einerseits möchten Sie Ihr altes Telefon durch eine moderne Anlage mit vielen Zusatzfunktionen ersetzen. Wenn Ihr Computer andererseits irreparabel abstürzt, müssen Sie ihn schnellstmöglich ersetzen, damit die Arbeit im Büro reibungslos weiter läuft. Sie wünschen sich zwar ein neues Telefon, brauchen aber nicht unbedingt eins. Dagegen ist ein neuer Computer unbedingt notwendig. Es ist wichtig, solch feine Unterschiede zu verstehen, um die Wünsche und Notwendigkeiten Ihres Gegenübers am Verhandlungstisch zu erkennen.

RELEVANTE VORBEREITUNG

Ernsthafte und erfolgreiche Verhandlungen bedürfen gründlicher Vorbereitung. Sie benötigen Argumente und Informationen, um Ihre Ziele zu fördern – und Sie brauchen Informationen, mit denen Sie die Position der Gegenseite erschüttern können.

15 **Sammeln Sie alle Informationen, die für die Verhandlung wichtig sind.**

NICHT VERGESSEN

- Falsche Informationen sind schlechter als gar keine.
- Die Jahresberichte von Unternehmen können wertvolle Informationen enthalten.
- Denken Sie daran, welche Informationen auch der Gegenseite zugänglich sind.
- Zu viele Statistiken verwirren unter Umständen nur.
- Es lohnt sich, neue Informationsquellen zu erschließen.

VORBEREITUNGSZEIT NUTZEN

Sie sollten sich vor Verhandlungsbeginn unbedingt Vorbereitungszeit gönnen und diese auch sinnvoll nutzen. Lassen Sie sich genügend Zeit für diese Vorarbeiten. Vielleicht brauchen Sie Zahlen und Fallstudien zur Untermauerung Ihrer Argumente. Skizzieren Sie kurz die Eigenschaften der Personen, mit denen Sie verhandeln. Prägen Sie sich diese Informationen ein und setzen Sie sie taktisch ein. Kompliziertes Zahlenmaterial sollten Sie so aufbereiten, dass es für Sie spricht und nicht die Gegenseite bloßstellt, nur weil diese unter Umständen Ihre Zahlen nicht kennt.

DATEN SAMMELN

Während Ihrer Vorbereitungszeit können Sie fundierte Informationen über Ihre Verhandlungspartner und deren Unternehmen beschaffen. Viele Infos sind digital oder gedruckt verfügbar. Gehen Sie in Bibliotheken, suchen Sie im Internet, sprechen Sie mit Leuten, die Ihre künftigen Verhandlungspartner kennen. Befassen Sie sich mit den Jahresberichten des Unternehmens, mit der Marktforschung und alten Zeitungsberichten. Solche Quellen verhelfen Ihnen zu schlagkräftigen Argumenten. Vergewissern Sie sich jedoch, dass Ihre Informationen absolut zutreffend sind.

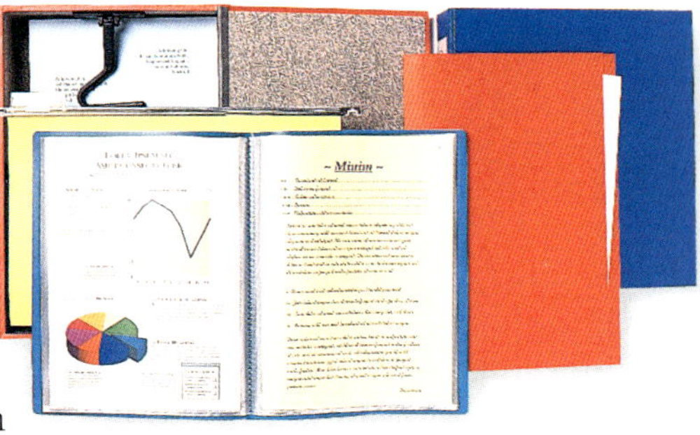

▲ DOKUMENTE ZUSAMMENSTELLEN
Ordnen Sie Ihre Daten so, dass sie jederzeit greifbar sind. Fotokopieren Sie wichtige Texte, heben Sie die Kernpunkte farbig hervor. Die Zeit dafür ist nie verloren.

LOGISCH ARGUMENTIEREN

Wenn Sie genügend Daten zusammengestellt haben, entwickeln Sie eine logische Beweisführung. Dafür stehen Ihnen zwei Wege zur Verfügung:

- Deduktiver Schluss: Aus mehreren Voraussetzungen ergibt sich ein Schluss, z. B. »Ich bin Aktionär von Great Universal Technology. GUT zahlt in diesem Jahr eine Dividende von 1,0 Euro. Folglich erhalte ich in diesem Quartal eine Dividende von 1,0 Euro pro Aktie.«
- Induktiver Schluss: Hierbei zieht man einen Schluss aus Beispielen, die auf Erfahrungen beruhen, z. B. »Jedes Mal, wenn jemand bei GUT Vizepräsident wurde, hat er mehr Gehalt bekommen. Ich werde Vizepräsident, deshalb werde ich eine Gehaltserhöhung bekommen.«

16 Verfolgen Sie Verhandlungen anderer als Beobachter.

17 Lernen Sie von erfolgreichen Unterhändlern.

DIE ENTWICKLUNG DER VERHANDLUNG ERAHNEN

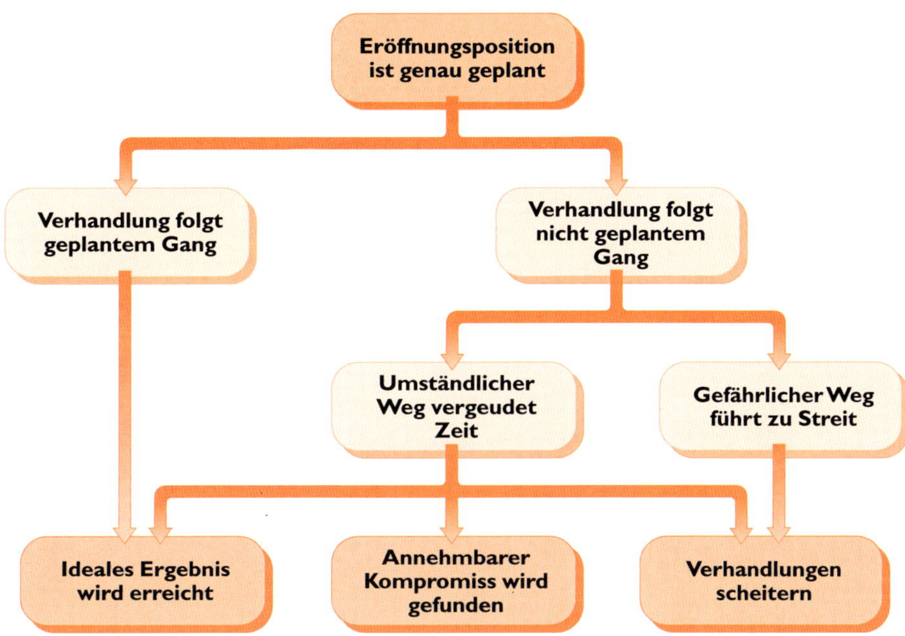

GEGENSEITE EINSCHÄTZEN

Es gereicht Ihnen zum Vorteil, wenn Sie die Stärken und Schwächen der gegnerischen Verhandlungsposition erkunden und den Hintergrund der Verhandlungsteilnehmer ausleuchten. Machen Sie sich mit deren Verhandlungsgeschick vertraut.

18 Sprechen Sie mit Leuten, die die gegnerische Seite gut kennen.

WICHTIGE FRAGEN

- **F** Sind die Gegenspieler erfahrene Unterhändler?
- **F** Bestehen auf der Gegenseite Meinungsverschiedenheiten?
- **F** Besitzt die Gegenseite die nötigen Kenntnisse, um ihre Ziele zu erreichen?
- **F** Besitzt die Gegenseite genug Macht, um ihre Ziele zu erreichen?
- **F** Steht die Gegenseite unter dem Druck, sich schnell zu einigen?

ARGUMENTE PRÜFEN

Prüfen Sie die Argumente der Gegenseite – befassen Sie sich mit allen Aspekten des Falles. Sie werden Stärken und Schwächen finden. Versuchen Sie, die Hauptschwächen aufzudecken, um gegen die Stärken angehen zu können.

Auch wenn die Gegenseite logisch stark argumentiert, können Sie eventuell mit einem moralischen Einwand kontern. Wenn z. B. eine Fischfarm Futter einsetzen will, das schnelleres Wachstum bewirkt, achten Sie auf mögliche Auswirkungen einer raschen Gewichtszunahme. Vielleicht werden dadurch die Gräten geschwächt, so dass die Fische kaum noch schwimmen können.

STÄRKEN ABSCHÄTZEN

Verhandeln ist ein Prozess der allmählichen Annäherung an eine Einigung oder einen Kompromiss. Sie müssen hierfür die Ausgangslage der Gegenseite und ihre Stärken beurteilen. Spricht viel für sie? Ist es logisch? Ist es moralisch annehmbar? Hat die Gegenseite einen starken Verhandlungsführer? Sobald Sie eine Vorstellung von den Stärken der Gegenseite haben, prüfen Sie, wie Sie die Verhandlung eröffnen können. Wie groß ist Ihr Verhandlungsspielraum? Würde eine Vertagung Sie begünstigen, wenn Sie z. B. Rücksprache mit einer höheren Stelle nehmen wollten?

19 Bedenken Sie, dass die Gegenseite einen Geheimplan haben könnte.

ZIELE BESTIMMEN

Versuchen Sie, die Ziele der Gegenseite zu bestimmen – so wie Sie Ihre eigenen Ziele bestimmt haben. Listen Sie vermutliche Ziele auf, weisen Sie ihnen Prioritäten zu. Ordnen Sie diese nach hoher, mittlerer oder geringer Priorität. Denken Sie jedoch daran, dass dies nur Annahmen sind, die erst während der tatsächlichen Verhandlung überprüft werden können und müssen.

ZIELE DER GEGENSEITE EINSCHÄTZEN

HÖCHSTE PRIORITÄT
Ziele, die Ihre Gegenseite (Ihrer Meinung nach) unbedingt erreichen will.

MITTLERE PRIORITÄT
Ziele, die Ihre Gegenseite (Ihrer Meinung nach) gern erreichen würde.

GERINGE PRIORITÄT
Ziele, die Ihre Gegenseite (Ihrer Meinung nach) als Dreingabe betrachtet.

ANALYSE DER SCHWACHSTELLEN

So wie Sie die Stärken der Gegenseite kennen müssen, so sollten Sie auch deren Schwächen kennen – in der Sache und bezüglich der individuellen Qualifikation. Wenn die Gegenseite mit mehreren Personen auftritt, dann sollten Sie die Möglichkeit zum »Teile und Herrsche« prüfen – etwa durch einen Punkt, der manchen zusagt und anderen nicht.

Suchen Sie im Vorfeld nach nützlichen Schwachstellen in der Argumentation, nach moralisch, juristisch oder politisch anfechtbaren Bereichen. Die Idee eines Elektrogroßhändlers, einige schadhafte Artikel mit hohem Nachlass zu verkaufen, wirft z. B. ethische und rechtliche Probleme auf, die Sie ausnutzen könnten.

20 Überprüfen Sie Ihre Einschätzung der Gegenseite anhand des Verhaltens während der Verhandlung.

OFFIZIELLE INFORMATIONSQUELLEN

Prüfen Sie alle offiziellen Informationen über die Gegenseite. Werten Sie Artikel in Fachzeitschriften aus. Dort finden Sie unter Umständen wertvolle Hintergrundinformationen zur gegenwärtigen Lage Ihres Kontrahenten, zu seiner Geschichte und zu seinen aktuellen strategischen Zielen. Außerdem können Sie oft zahlreiche öffentlich zugängliche Unterlagen bei Behörden über die rechtliche Vergangenheit und die Finanzlage Ihres Gegenspielers einsehen.

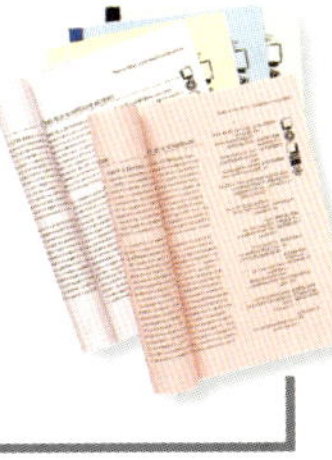

AUS FRÜHEREN BEGEGNUNGEN LERNEN

Häufig verhandeln Personen miteinander, die schon früher in ähnlichen Fragen miteinander zu tun hatten, etwa Zulieferer über einen Jahresvertrag oder Angestellte über veränderte Arbeitsbedingungen. Wenn Sie mit einem bekannten Gegenüber verhandeln, untersuchen Sie, wie die früheren Gespräche verlaufen sind. Sehen Sie sich alte Berichte oder Notizen an, fragen Sie Kollegen, die damals bei der Verhandlung dabei waren. Ändern Sie Ihre Taktik entsprechend, aber denken Sie daran, dass die Kenntnis der Gegenseite für beide Verhandlungspartner gilt. Auch Ihre Gegenseite kennt schon Ihre wichtigen Basispositionen.

NICHT VERGESSEN

- Das Kräfteverhältnis ist anders als bei früheren Verhandlungen.
- Der Verhandlungspartner der Gegenseite hat eventuell eine neue Stellung mit mehr Befugnissen und Einfluss.
- Der neue Posten eines Verhandlungspartners der Gegenseite kann neue Schwächen und Stärken mit sich bringen.
- Der Zeitdruck kann auf beiden Seiten unterschiedlich sein.
- Der Vorbereitungsaufwand beider Seiten kann für jede Verhandlungsrunde unterschiedlich sein.

21 Sprechen Sie – wenn möglich – mit Teilnehmern der früheren Verhandlungsrunden.

22 Erkunden Sie im Vorfeld, wer die Gegenseite vertritt.

GEMEINSAMKEITEN SUCHEN

Verhandeln bedeutet, Wege zu einer Übereinkunft oder einem Kompromiss zu suchen. Dieses Ziel lässt sich leichter von Parteien erreichen, die schon einmal miteinander verhandelt haben und eher wissen, zu welchen Zugeständnissen die Gegenseite bereit sein könnte.

Wenn z. B. ein Angestellter mit seinem Vorgesetzten über eine Gehaltserhöhung sprechen möchte, erfährt er vielleicht, dass dessen Befugnisse begrenzt sind oder in der Firma ein genereller Gehaltsstopp für dieses Jahr besteht. Aber vielleicht könnten der Angestellte und sein Vorgesetzter statt über eine direkte Gehaltserhöhung über andere Möglichkeiten einer finanziellen Entlohnung reden und damit diese Beschränkungen umgehen. Sie könnten sich z. B. auf mehr Urlaub, eine Direktversicherung oder etwas Ähnliches verständigen. Wenn beide Seiten flexibel sind und Gemeinsamkeiten suchen, dann kann am Ende ein angemessener Kompromiss stehen.

VERHANDLUNGEN MIT MEHR ALS EINER GRUPPE

Besteht die Gegenseite aus mehr als einer Interessengruppe, so sollten Sie nicht nur jede Gruppe und Einzelperson einschätzen, sondern auch prüfen, ob zwischen den Parteien Spannungen herrschen. Stellen Sie fest, wer befugt ist, für die einzelnen Gruppen Entscheidungen zu treffen. Wenn Sie z.B. ein Übernahmeangebot zu machen haben, verhandeln Sie zuerst mit den Anteilseignern. Ist eine Behörde beteiligt, gehen Sie anders vor: Sprechen Sie über die allgemeinen Auswirkungen einer Übernahme und arbeiten Sie mit einem Team, in dem auch Anwälte sitzen, um alle Einzelheiten zu erörtern.

KULTURELLE UNTERSCHIEDE

Zwischen Völkern, Altersgruppen und Geschlechtern bestehen kulturelle Unterschiede, die Sie zu Ihrem Vorteil nutzen können. Ist Ihr Gegenüber z. B. ein Russe mittleren Alters, können Sie unterstellen, dass er wenig Erfahrung mit westlichen Märkten hat. Ein gut ausgebildetet junger Amerikaner hat dagegen vielleicht wenig Arbeitserfahrung.

INFORMELLE INFORMATIONSQUELLEN NUTZEN

Um erfolgreich an Informationen zu kommen, sollten Sie detektivisch denken lernen. Nutzen Sie zwanglose gesellschaftliche Gelegenheiten, Firmenverbindungen, zufällige Bekanntschaften oder Anrufe bei den richtigen Leuten, um herauszufinden, wie die Gegenseite ihr Tagesgeschäft handhabt. Schicken Sie jemanden in deren Firma, um zu erfahren, wie man dort mit Mitarbeitern und Kunden umgeht. Oder Sie laden einen langjährigen Kunden zum Essen ein und stellen einige diskrete Fragen. Auch enttäuschte Ex-Mitarbeiter können wertvolle Informationen liefern, aber auch Fehlinformationen ohne realen Hintergrund auftischen.

INFORMATION ▶ SAMMELN
Nutzen Sie ein zwangloses Treffen mit jemandem, der Verbindungen zu beiden Verhandlungsseiten hat, um so viel wie möglich über die Gegenseite und ihre Strategien zu erfahren.

DIE WAHL DER STRATEGIE

Sobald Sie sich über Ihre Ziele im Klaren sind und die wahrscheinlichen Ziele der Gegenseite analysiert haben, sollten Sie eine Strategie entwerfen, um Ihre Ziele zu erreichen. Bedienen Sie sich dazu der Stärken der Mitarbeiter Ihres Teams.

23 Gestalten Sie Ihre Verhandlungsstrategie einfach und flexibel.

WICHTIGE FRAGEN

F Wie wollen Sie über Strategie und Taktik entscheiden?

F Wie viele Teilnehmer brauchen Sie für Ihr Verhandlungsteam?

F Wie lange brauchen Sie, um eine Strategie zu entwerfen?

F Müssen alle Teilnehmer bei allen Verhandlungen dabei sein?

F Wann können Sie die Rollen und Taktiken proben?

ZIELE BEDENKEN

Eine Strategie ist ein Gesamtplan, mit dem mehrere Ziele erreicht werden sollen. Verwechseln Sie Strategie nicht mit Taktik, zu der die Einzelmethoden im Rahmen Ihrer Strategie gehören.

Ihre Strategie hängt von mehreren Faktoren ab: von den Personen, den Umständen und dem Verhandlungsgegenstand. Achten Sie für jeden Verhandlungsgegenstand auf das Temperament Ihrer Teammitglieder, und wählen Sie diejenigen Teilnehmer aus, mit deren Stärken und Fähigkeiten die Ziele am ehesten erreicht werden.

WICHTIGE ROLLEN

So wie jede Fußballmannschaft Torwart, Verteidiger und Stürmer braucht, müssen bei jedem Verhandlungsteam bestimmte »klassische« Positionen besetzt werden. Diese Rollen sind: der Leiter, der Gute (»Good Guy«), der Böse (»Bad Guy«), der Hardliner und der Ausputzer. Es kann aber auch andere Rollen geben.

Ein Verhandlungsteam sollte idealerweise aus drei bis fünf Teilnehmern bestehen, die alle wichtigen Rollen repräsentieren. Es ist jedoch nicht nötig, dass jede Rolle von einem Teilnehmer verkörpert wird – normalerweise übernehmen einzelne Teilnehmer mehrere Rollen, die sich ergänzen und ihrem Naturell entgegenkommen.

24 Verbergen Sie Unmut und Enttäuschung, gehen Sie nie im Zorn aus dem Raum.

DIE ROLLEN IM TEAM

ROLLEN	VERANTWORTUNGSBEREICH
LEITER Jedes Verhandlungsteam hat einen Leiter. Das kann der mit der meisten Erfahrung sein, nicht unbedingt der ranghöchste Teilnehmer. 	• Leitet die Verhandlung, wendet sich gelegentlich an andere. • Entscheidet bei Sachfragen – z. B. in Geldfragen bei Übernahmeangeboten. • Setzt die anderen Teilnehmer des Teams ein.
DER GUTE (»GOOD GUY«) Mit ihm identifizieren sich die meisten Teilnehmer der Gegenseite. Sie wünschen sich, dass er ihr einziger Verhandlungspartner wäre. 	• Bringt Wohlwollen und Verständnis für die Ansichten der Gegenseite auf. • Zieht sich scheinbar auf eine frühere Position des eigenen Teams zurück. • Wiegt die Teilnehmer der Gegenseite in trügerische Sicherheit.
DER BÖSE (»BAD GUY«) Die Gegenfigur des Guten. Seine Rolle ist es, bei der Gegenseite das Gefühl zu wecken, dass man sich ohne ihn eher einigen würde. 	• Unterbricht nötigenfalls den Fortgang der Verhandlung. • Torpediert jedes Argument der Gegenseite. • Schüchtert die Gegenseite ein und versucht, ihre Schwächen aufzudecken.
DER HARDLINER Er ist in allen Fragen kompromisslos. Er bereitet der Gegenseite Probleme; seine Teammitglieder beugen sich oft seinem Urteil. 	• Behindert den Fortgang mit Hinhaltetaktiken. • Ermöglicht Teammitgliedern, von zu guten Angeboten wieder abzurücken. • Beobachtet den Fortgang der Verhandlung. • Sorgt dafür, dass das Team sich auf die Verhandlungsziele konzentriert.
DER AUSPUTZER Dieser Teilnehmer greift alle vorgebrachten Ansichten auf und bringt sie zusammen. Dann legt er sie als überzeugenden Plan vor 	• Schlägt Wege oder Auswege aus verfahrenen Situationen vor. • Verhindert Abschweifungen vom eigentlichen Thema. • Weist auf alle Widersprüche bei den Argumenten der Gegenseite hin.

ROLLEN ZUWEISEN

Zur guten Verhandlungsstrategie gehört es, die Teilnehmer richtig einzusetzen. Sie müssen festlegen, welche Rolle und Verantwortung Ihre Teammitglieder übernehmen sollen. Können sie besser beobachten und zuhören als reden? Kennen sie jemanden von der Gegenseite? Sind sie extrovertiert? Ein extrovertierter Teilnehmer könnte z. B. die Rolle des Guten spielen. Weisen Sie die Rollen mit Bedacht zu, denn Ihr Team muss jeden Schritt der Gegenseite parieren können.

25 **Erstellen Sie einen Zeitplan, um Taktiken zu proben und zu besprechen.**

▼ ROLLENPROBEN

Wenn Ihr Team steht, machen Sie eine Probe, bei der jeder seine Rolle vorspielt. Korrigieren Sie Fehlbesetzungen, Lücken oder Doppelrollen im Team.

Einsatz optischer Hilfsmittel

Notizen während der Verhandlung

DIE BEDEUTUNG DES ÄUSSEREN

Achten Sie gut auf Ihr Äußeres – der erste Eindruck zählt viel. Denken Sie daran, was für eine Verhandlung Sie führen, und kleiden Sie sich entsprechend. Eine übertriebene Aufmachung kann Einfluss darauf haben, wie Sie und Ihre Autorität gesehen werden, kann aber auch Aggression hervorrufen. Alle im Team sollten sich nach einer ähnlichen Kleiderordnung richten. Entscheiden Sie sich im Zweifelsfall immer für konservativere Kleidung.

26 **Tragen Sie bequeme, gepflegte und vor allem zurückhaltende Kleidung.**

27 **Üben Sie, still am Verhandlungstisch zu sitzen.**

DAS TEAM EINWEISEN

Damit jeder in Ihrem Verhandlungsteams seine Rolle erfolgreich spielen kann, müssen Sie alle gut einweisen. Vermeiden Sie Widersprüche während der Verhandlung. Beispielsweise kann der Leiter darauf hinweisen, dass er befugt ist, über Preise zu verhandeln. Der Hardliner kommt später hinzu und erklärt, er musste wegen der Preise die Zentrale konsultieren. Solche Ungereimtheiten können die Glaubwürdigkeit des Teams ernsthaft gefährden.

Drängen Sie auf die Vorbereitung jedes Einzelnen, halten Sie mit dem gesamten Team mindestens eine Generalprobe ab, möglichst unter Einbeziehung aller aktuellen Daten und optischen Hilfsmitteln. Machen Sie Notizen, die später verwendet werden können, um zu analysieren, wie jeder Einzelne und das Team insgesamt Strategien und Taktiken verbessern können.

FALLBEISPIEL

Barbara und Kurt wurden von ihrer Firma, einem Elektronikunternehmen, nach Hongkong geschickt, um einen Hersteller zum Kauf von Mikrochips zu bewegen.

Sie sprachen vorher einige Argumente durch und beschlossen, dass Barbara sie vorbringen sollte. Die Manager in Hongkong waren mit dem Angebot offenbar sehr zufrieden. Als Barbara sprach, hörte Kurt jedoch zufällig jemanden sagen: »Die Westler akzeptieren nie den zuerst gebotenen Preis.« Als die Chinesen dann ihren Preis nannten in der Erwartung, dass er abgelehnt würde, schaltete Kurt sich ein.

Barbara war zunächst irritiert, da sie den angebotenen Preis für absolut in Ordnung hielt. Sie war jedoch für die Unterbrechung dankbar, als die Chinesen ihr erstes Preisangebot um zehn Prozent erhöhten. Beide Seiten gingen überaus zufrieden auseinander.

◀ **ZUSAMMENARBEIT**

In diesem Beispiel für Teamarbeit trat Barbara als Leiterin auf, während Kurt die anderen Rollen spielte. Ein Verhandlungspartner allein hätte es sehr viel schwerer gehabt, genügend Informationen aufzuschnappen und das Geschäft gut über die Bühne zu bringen.

DIE TAGESORDNUNG

Bei Verhandlungen empfiehlt sich eine Tagesordnung – eine schriftliche Aufstellung der Punkte (TOP), die besprochen werden müssen. Holen Sie vor Verhandlungsbeginn die Zustimmung aller Teilnehmer zu sämtlichen Punkten der Tagesordnung ein.

28 Stellen Sie eine Tagesordnung auf – das prägt den weiteren Ablauf.

NICHT VERGESSEN

- Alle Punkte sollten eine feste Zeit auf der Tagesordnung haben.
- Allen Teilnehmern sollte vorab ein Tagesordnungsentwurf zugehen.
- Maschinengeschriebene Tagesordnungen sollten breite Ränder für Notizen haben.
- Mit der Tagesordnung sollte zusätzlich Notizpapier verteilt werden.
- Schon die Tagesordnung muss zuweilen ausgehandelt werden.

TAGESORDNUNG ERSTELLEN

Die Punkte einer Tagesordnung (TOP) können zu einem wichtigen Bestandteil der Verhandlungsstrategie werden, sowohl durch die Reihenfolge als auch durch die zugestandene Zeit. Manchmal dauert es lange, um eine Tagesordnung zu erstellen, bevor die Verhandlungen beginnen. Eine Tagesordnung sollte:

- Offiziell festlegen, worüber gesprochen werden soll.
- Indirekt den Inhalt der Diskussion beeinflussen, indem sie die Rangfolge der Punkte festlegt.

EINE TAGESORDNUNG SCHREIBEN

Eine Tagesordnung fördert bei Verhandlungen die Konzentration auf die Ziele. Bei Verhandlungen werden keine Klagen vorgebracht, sondern Lösungen gesucht; daher sollten alle Punkte allgemein gehalten werden.

Entlassungsgespräche — *Thema der Sitzung als Überschrift*

24. Juli, 9 Uhr

Sitzungssaal

1. (09.00) Billigung der Protokolle der letzten Sitzung — *Frühere Entscheidungen werden eingesehen.*
2. (09.15) Unternehmensberater trägt den Fall vor
3. (09.45) Personalchef trägt den Fall vor — *Erster Redner gibt den Ton vor.*
   (10.15) Kaffeepause
4. (10.30) Finanzchef trägt den Fall vor — *Experte liefert Detailinformation.*
5. (11.00) Zusammenfassung durch Geschäftsführung
6. (11.30) Diskussion
7. (12.30) Schluss

Geplante Zeiten

Ende der Sitzung ist angegeben.

TAGESORDNUNG BILLIGEN

Wenn Sie von der Gegenseite eine Tagesordnung erhalten, prüfen Sie diese und passen Sie Ihre Strategie an. Wer die Tagesordnung erarbeitet, hat das größere Interesse am Treffen und beansprucht normalerweise die erste Redezeit. Vielleicht möchten Sie die Reihenfolge der Redner neu festlegen. Wenn Ihnen eine Tagesordnung telefonisch übermittelt wird, lassen Sie sich nicht durch diese Formlosigkeit irritieren. Sprechen Sie mit der Gegenseite über Ihre Änderungswünsche.

29 Kommen Sie etwas früher zum Treffen, dann wirken Sie entspannt.

30 Fassen Sie Tagesordnungen sprachlich einfach ab und geben Sie für jeden TOP eine Zeit an.

ZEITPLANUNG

Einige Verhandlungen sind wegen Arbeitsbelastung der Beteiligten zeitlich begrenzt. Bei anderen müssen die Beteiligten so lange zusammensitzen, bis eine Einigung erreicht ist, z. B. bei Tarifverhandlungen oder Geschworenensitzungen. Setzen Sie immer fest, wann die Sitzung enden soll. Planen Sie die Zeit so, dass Sie die Tagesordnung einhalten können. Denken Sie daran, dass die meisten Teilnehmer verärgert reagieren, wenn die Zeit überzogen wird.

INFORMATIONEN AUFNEHMEN

Verhandeln bedeutet immer, Zugeständnisse zu machen, die man hinterher vielleicht bedauert – oder noch einmal überdenkt. Deshalb nehmen viele die Vorgänge gern auf Band auf. Das kann jedoch problematisch werden: Oft ist es schwierig, ein Aufnahmegerät so aufzustellen, dass sämtliche Wortmeldungen erfasst werden. Wichtige Diskussionsbeiträge können verlorengehen, wenn Batterien gewechselt werden müssen. Die Kassetten fassen selten eine komplette Sitzung. Wenn Sie die Verhandlung aufnehmen möchten, holen Sie vorher das Einverständnis der Gegenseite ein. Erfahrene Verhandlungsführer stellen immer sicher, dass die Vorgänge nicht nur aufgenommen, sondern auch mitgeschrieben werden.

NOTIZEN MACHEN ▸
Benutzen Sie ein Diktiergerät, um Meinungen schnell und einfach festzuhalten.

DIE RICHTIGE ATMOSPHÄRE SCHAFFEN

Das Ergebnis einer Verhandlung wird durch das Umfeld beeinflusst, in dem sie stattfindet. Sorgen Sie besonders bei schwierigen Verhandlungen für eine positive Atmosphäre, indem Sie einen angemessenen und ausreichend großen Tagungsort wählen.

31 **Machen Sie nach spätestens zwei Verhandlungsstunden eine Pause.**

32 **Stellen Sie eine Uhr auf, damit jeder weiß, wie spät es ist.**

DIE WAHL DES ORTES

Bei der Wahl des Ortes sind viele Dinge zu bedenken, wie Neutralität, Einrichtungen oder Annehmlichkeit. Benötigen Sie audiovisuelle Hilfsmittel oder Flip-Charts? Müssen Sie einen Raum mieten? Wie lange sind die Räumlichkeiten gemietet? Können Sie – falls nötig – in der Nähe übernachten? Wählen Sie einen Ort, der möglichst viele Ihrer Anforderungen erfüllt.

ARTEN DER VERHANDLUNGSORTE

ORT	WICHTIGE UMSTÄNDE
EIGENER BODEN Ein Büro oder Konferenzraum in Ihrer Firma.	• Sie können leicht strategische Unterbrechungen arrangieren. • Es ist schwierig, nicht eingeplante Unterbrechungen zu vermeiden. • Sie können ohne weiteres auf Ihre Fachleute im Haus zurückgreifen.
NEUTRALER BODEN Das Büro einer dritten Seite oder ein gemieteter öffentlicher Raum.	• Keine Seite hat aufgrund der Vertrautheit mit dem Ort Vorteile. • Beide Seiten müssen ihre Fachleute und ihr gesamtes Material herbeischaffen.
FREMDER BODEN Ein Büro oder Konferenzraum der Gegenseite.	• Die mangelnde Vertrautheit mit der Umgebung kann stören. • Sie haben keine Kontrolle über die Logistik. • Sie können mit der Behauptung verzögern, die Angelegenheit jemandem in Ihrem Unternehmen vorlegen zu müssen.

DETAILS BEOBACHTEN

Wenn Sie Gastgeber einer Verhandlung sind, dann nehmen Sie alles in die Hand: Bestimmen Sie die Atmosphäre, den zeitlichen Ablauf und die Pausen nach Ihrem Belieben. Stellen Sie Papier und Stifte für Notizen. Überprüfen Sie die Toiletten und sorgen Sie für angemessene Beleuchtung, vor allem wenn audiovisuelle Hilfsmittel verwendet werden. Auch das körperliche Wohlbefinden kann wichtig sein: Senken Sie die Temperatur im Verhandlungsraum ein wenig oder verzögern Sie die Erfrischungen, um die Gegenseite zu einer rascheren Entscheidung zu bringen. Wenn nach der Pause weiter verhandelt wird, servieren Sie die Erfrischungen abseits vom Verhandlungstisch.

33 **Legen Sie nicht alle Karten auf einmal auf den Tisch.**

◀ **GETRÄNKE REICHEN**
Auch wenn Ihren Leuten bei langwierigen Verhandlungen der Appetit vergeht, der Durst sicher nicht. Die Anspannung, die ungewohnte Umgebung und der Druck lassen die Kehle austrocknen – sorgen Sie also für genug Wasser.

34 **Sorgen Sie dafür, dass gegebenenfalls jeder bei Ihnen telefonieren kann.**

35 **Verwenden Sie einen Laptop, wenn Sie auf Firmendaten zurückgreifen.**

DIE KONTROLLE AUF FREMDEM BODEN ÜBERNEHMEN

Einige Leute ziehen es vor, auf fremdem Boden bei der Gegenseite zu verhandeln. Nutzen Sie diesen Trick, Bereitschaft zum Entgegenkommen anzudeuten, und verhelfen Sie der Verhandlung zu einem positiven Start. Einer Ihrer Vorteile besteht darin, dass Sie die Zeit des Treffens bestimmen und damit maximalen Druck auf Ihre Gastgeber ausüben können. Falls vorab keine Tagesordnung festgelegt wurde, fragen Sie Ihre Gastgeber bei Ihrer Ankunft, ob Sie eine solche aufstellen können. Die Gegenseite wird das vielleicht zugestehen, da Sie auf ihrem Boden sind. Wenn Sie die Tagesordnung erstellen, müssen Sie die Gelegenheit nutzen – bringen Sie alle Punkte unter, die Ihnen wichtig sind, und Sie verschaffen sich einen Anfangsvorteil.

DIE SITZORDNUNG

Die Sitzordnung der Verhandlungspartner – ob frontal gegenüber oder gemeinschaftlich an einem runden Tisch – kann großen Einfluss auf das Klima, den Ablauf und damit auf das Ergebnis jeder Verhandlung haben.

36 Beachten Sie, dass der Leiter Blickkontakt zu allen Teilnehmern hat.

SITZORDNUNG BEI KLEINEN TEAMS

Bei Verhandlungen zwischen kleinen Teams sitzen die Teilnehmer oft an einem rechteckigen Tisch gegenüber. Das ist die formellste und frontalste Sitzordnung. Platzieren Sie Ihren Leiter am Kopfende, um die Gegenseite unter Druck zu setzen und das Geschehen zu beherrschen. Bemühen Sie sich um eine möglichst zwanglose Sitzordnung, z. B. an einem runden Tisch, wenn Sie unnötige Spannungen vermeiden möchten.

▼ DAS TEAM PLATZIEREN

Außer bei extrem formellen Verhandlungen hat jede Seite maximal fünf Teilnehmer im Team. Eine Sitzordnung frontal gegenüber ist die übliche, vor allem wenn man die Fronten betonen will. Platzieren Sie jedes Teammitglied entsprechend seiner Rolle und Fähigkeiten, und achten Sie darauf, dass Ihre Mannschaft einen geschlossenen Eindruck vermittelt.

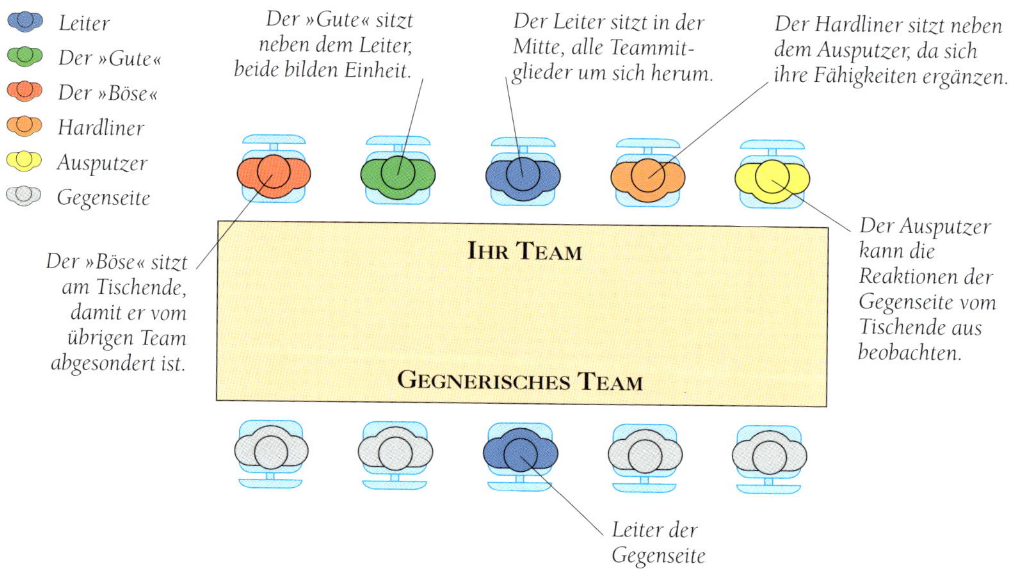

DIE SITZORDNUNG TAKTISCH NUTZEN

Wählen Sie möglichst bequeme Stühle für alle Mitglieder der Verhandlungsteams. Vermeiden Sie, dass das Gastteam ein geschlossenes Gegenüber bilden kann, indem Sie es zwischen Ihr Team platzieren. Falls es Ihnen gelingt, ist es optimal, wenn der wortgewandteste oder aggressivste Teilnehmer der Gegenseite direkt neben dem Leiter Ihres Teams sitzt.

Wie immer die Teilnehmer auch sitzen, entscheidend ist der Blickkontakt. Er hilft, die Stimmung der Gegenseite zu erkennen, und ermöglicht den Leitern, Rückmeldungen aus dem eigenen Team zu bekommen. Fehlender Blickkontakt irritiert und kann zu Fehlhandungen führen.

37 Setzen Sie Ihren Hardliner weit weg vom Hardliner der Gegenseite.

38 Der Abstand zwischen den Stühlen sollte gleich sein.

SITZORDNUNGEN GROSSER TEAMS

Wenn mehrere Parteien verhandeln, von denen jeweils nur einige Vertreter anwesend sind (z. B. bei den Vereinten Nationen oder dem Internationalen Währungsfond), dann setzen Sie die Teilnehmer in einem Halbkreis. Richten Sie es so ein, dass sie von einem Podium aus das Wort ergreifen können. Erfolgen Verhandlungen zwischen mehreren Parteien mit vielen Teilnehmern, so bilden Sie Gruppen, die sich möglichst gegenüber sitzen. Diese Sitzordnung wird oft in Parlamenten gewählt und kann auch bei Gewerkschaftsversammlungen oder Mitarbeiterkonferenzen angewandt werden.

SITZORDNUNGEN BEEINFLUSSEN

Wenn Sie an einer Verhandlung einer anderen Gruppe teilnehmen, dann erkundigen Sie sich nach einer Sitzordnung. Existiert keine solche, dann versuchen Sie, Ihr Team als erstes am Verhandlungstisch unterzubringen, damit Sie es taktisch platzieren können. Welche Plätze Sie wählen, hängt von der Dynamik Ihres Teams ab – ob Sie eine geschlossene Front bilden und zusammensitzen möchten, die Gegenseite lieber aufbrechen und sich zwischen sie setzen wollen oder bevorzugt vom Kopfende des Tisches aus die Fäden ziehen.

Sind Ihnen Plätze zugewiesen worden, dann versuchen Sie, die Logik der Anordnung zu ergründen. Die Sitzordnung kann Aufschluss über die andere Partei, über ihre Ansichten oder ihren Status geben. Aus der Sitzordnung können Sie schließen, ob mit zwanglosen, harten oder vom Gastgeber beherrschten Gesprächen zu rechnen ist.

VERHANDLUNGS-FÜHRUNG

Planen Sie die ersten Züge sorgfältig, um vom Start weg eine positive Atmosphäre zu schaffen. Bleiben Sie aufmerksam und flexibel, damit Sie Ihre Chancen wahrnehmen können.

DIE STIMMUNG EINSCHÄTZEN

Bei Verhandlungen geht es ebenso um Zuhören und Beobachten wie um Reden. Sie sollten die Stimmung sehr genau verfolgen, da sie blitzschnell umschlagen kann. Halten Sie Augen und Ohren offen, um verbale und nonverbale Signale zu erfassen.

39 Beginnen Sie jede Verhandlung mit den unstrittigen Punkten.

40 Betonen Sie die Notwendigkeit einer Einigung.

DEN TON ERAHNEN

Aufgrund Ihrer Vorbereitungen erahnen Sie vielleicht, wie die Gegenseite die Verhandlung angehen will. Beachten Sie gleich zu Beginn besonders die nichtverbalen Signale. Wenn Sie mit einem heftigen Auftakt rechnen, versuchen Sie, etwas abzuschwächen. Oft helfen hier feinfühlige Vermutungen, Ihr Gefühl und Ihre Fantasie, um sich in die Position der Gegenseite zu versetzen.

▼ **REAKTIONEN ERFASSEN**
Registrieren Sie bei Verhandlungen die Reaktionen der Gegenseite. Versuchen Sie, Widersprüche aufzudecken.

Hören, was die Gegenseite sagt → **Hören, wie es gesagt wird** → **Nonverbale Signale beobachten**

NONVERBALE SIGNALE ERKENNEN

Nichtverbale Signale sind die Körpersprache, Gesten, Gesichtsausdruck und Augenbewegungen. Die Körpersprache der Gegenseite verhilft Ihnen zu einem wahren Bild des Vorgangs – die Signale können das Gesagte bekräftigen oder widerlegen. Eindeutige Körpersprache ist das Verschränken der Arme oder Überschlagen der Beine, was Abwehr verrät, und das Zurücklehnen, was Langeweile ausdrückt. Kleine Gesten wie Zögern oder Herumzappeln können Ausdruck mangelnder Überzeugung sein, hochgezogene Augenbrauen bekunden ganz klar Überraschung. Der Blickkontakt liefert viele Informationen: Die Teilnehmer werden sich wahrscheinlich kurz anschauen, wenn ein wichtiger Verhandlungspunkt ansteht.

41 Achten Sie auf die Worte und den Tonfall der anderen.

NICHT VERGESSEN

- Langsames und überlegtes Sprechen zeugt von Selbstsicherheit und Ungezwungenheit.
- Unnötiges Lächeln und schnelles Sprechen deuten auf Nervosität.
- Wer weggehen möchte, blickt oder dreht sich zuvor häufiger zum Ausgang.

KULTURELLE UNTERSCHIEDE

Händeschütteln kann für den einen »Auf Wiedersehen« bedeuten, für den anderen »Wir sind handelseins geworden«. Sie sollten also die kulturelle Bedeutung kennen, bevor Sie jemandem die Hand geben. In vielen asiatischen Ländern gilt Körperkontakt zwischen Mann und Frau als unschicklich. Sie sollten hier nicht Ihre Hand anbieten.

Direkter Blickkontakt wird gesucht.

Händedruck ist fest, aber nicht übertrieben herzlich.

WAS DER HÄNDEDRUCK VERRÄT

Ein sehr kräftiger Händedruck zeugt von Dominanz, eine schlaffe Hand deutet auf Passivität.

VORSCHLÄGE MACHEN

In jeder Verhandlung werden Vorschläge unterbreitet. Sie sollten sich unbedingt frühzeitig entscheiden, ob Sie als Erster das Wort ergreifen oder auf den Vorschlag der Gegenseite antworten wollen. Das ist wesentlich für die Verhandlungsstrategie.

42 Unterbreiten Sie Ihren Vorschlag so nüchtern wie möglich.

43 Sprechen Sie erst dann, wenn Sie etwas Wichtiges zu sagen haben.

OPTIONEN OFFEN HALTEN

Lassen Sie sich reichlich Spielraum, wenn Sie Ihre Argumente vortragen. Vermeiden Sie ungestüme Äußerungen, die Ihre Position unverrückbar machen. Tragen Sie Ihre Vorschläge behutsam vor, damit beide Seiten Spielraum für Zugeständnisse haben. Nageln Sie die andere Seite nicht zu früh auf eine bestimmte Position fest – auch sie braucht Verhandlungsspielraum. Vermeiden Sie, die Gegenseite bereits im Anfangsstadium in eine Ecke oder zu Versprechungen zu drängen, da das Möglichkeiten für spätere Zugeständnisse einschränkt.

TUN UND LASSEN

- ✔ Hören Sie gut zu.
- ✔ Bewahren Sie sich bei Ihren Vorschlägen genügend Spielraum.
- ✔ Erlauben Sie sich, das erste Angebot abzulehnen.
- ✔ Machen Sie bedingte Angebote, wie »Wenn Sie dies machen, machen wir jenes.«
- ✔ Versetzen Sie sich in die Lage der Gegenseite: »Was würden Sie empfinden, wenn …?«
- ✗ Machen Sie nicht zu früh Zugeständnisse.
- ✗ Geben Sie kein extremes Anfangsangebot ab, so dass Sie das Gesicht bewahren, wenn Sie zurückstecken müssen.
- ✗ Sagen Sie niemals »nie«.
- ✗ Beantworten Sie Fragen nicht mit einem einfachen Ja oder Nein.
- ✗ Machen Sie die Gegenseite nicht lächerlich.

44 Untersuchen Sie den Vorschlag der Gegenseite genau.

45 Zeigen Sie gegebenenfalls Humor, aber seien Sie nicht zu klug.

DAS IST ZU TUN

1. Hören Sie der Gegenseite gut zu – ihre Wünsche sind den Ihren vielleicht näher, als Sie meinen.
2. Passen Sie Ihre Strategie an, wenn Sie im Anfangsstadium einen möglichen Kompromiss erkennen.
3. Überziehen Sie Ihr Anfangsangebot und machen Sie von da an Zugeständnisse.
4. Notieren Sie sich alle Angebote; versuchen Sie, diese wörtlich festzuhalten.

DER RICHTIGE ZEITPUNKT

Das Ergebnis jeder Verhandlung hängt von der Präsentation und Diskussion der Vorschläge ab. Diese werden so lange geändert, bis man sich einig ist. Es bietet Vorteile, die Gegenseite das Eröffnungsangebot machen zu lassen, da Sie vielleicht feststellen, dass zwischen den Forderungen beider Seiten weniger Unterschied besteht als angenommen. Falls das so ist, passen Sie Ihre Strategie an.

Wenn Sie das Eröffnungsangebot abgeben, wird es meist als unrealistisch betrachtet. Fordern Sie also mehr, als Sie zu erhalten hoffen, und bieten Sie weniger, als Sie zu geben bereit sind. Wenn Sie mit einem wirklich fairen Angebot beginnen, besteht die Gefahr, dass die Gegenseite es ablehnt. Aber überziehen Sie Ihre Forderung auch nicht allzu sehr – Sie sollten Ihr Gesicht wahren können.

VORSCHLAG FORMULIEREN

Sie sollten Ihr Eröffnungsangebot flüssig und sicher vortragen, damit Sie von der Gegenseite ernst genommen werden. Weisen Sie in Ihrer Rede auf die Notwendigkeit hin, eine Einigung zu erzielen; sagen Sie etwa: »Ich weiß, dass allen hier Anwesenden daran liegt, dass dieses Projekt so schnell wie möglich von der Stelle kommt.« Erläutern Sie vor Ihrem Eröffnungsangebot die damit verbundenen Bedingungen. Umreißen Sie kurz Ihr Angebot und schweigen Sie dann, um anzudeuten, dass Sie fertig sind. Nun muss die Gegenseite nachdenken.

EINEN VORSCHLAG UNTERBREITEN

Sitzen Sie aufrecht und beugen Sie sich leicht vor. Eine positive Körpersprache veranlasst die Gegenseite, Sie und Ihren Vorschlag ernst zu nehmen.

AUF VORSCHLAG REAGIEREN

Vermeiden Sie nach einem Vorschlag der Gegenseite jede Reaktion – positiv wie negativ. Scheuen Sie sich nicht, während der Prüfung des Angebots zu schweigen, aber seien Sie sich bewusst, dass die Gegenseite Sie beobachtet, um Ihre Reaktion zu sehen.

46 Achten Sie auf Ähnlichkeiten in Ihren Verhandlungspositionen.

47 Warten Sie mit Reaktionen, bis die Gegenseite fertig ist.

KLARHEIT ANSTREBEN

Wenn Sie das Angebot der Gegenseite gehört haben, sind Sie nicht gezwungen, sofort ein Gegenangebot abzugeben. Lassen Sie sich nichts anmerken, wenn Sie den Vorschlag noch einmal für sich rekapitulieren. Damit gewinnen Sie Zeit, über das Gesagte nachzudenken. Vergewissern Sie sich, dass Sie alles richtig verstanden haben. Jetzt ist der Zeitpunkt, um alle unklaren Punkte anzusprechen und die Gegenseite zu Verbesserungen zu zwingen: »Wenn ich Sie richtig verstanden habe, können wir vor Dezember nicht mit einer Lieferung rechnen.« Oder: »Können wir festhalten, dass Sie die erforderliche Zeit für die Verrechnung der Schecks in Singapur berücksichtigen?« Es ist unerlässlich, dass Sie die Position der Gegenseite restlos verstehen.

◄ **IHRE ERWIDERUNG**
Zeigen Sie eine offene Körpersprache – Blickkontakt, aufrecht sitzen, die Hände vor sich gefaltet –, um zu zeigen, dass Sie das Angebot verstanden und zur Kenntnis genommen haben. Geben Sie jedoch nicht zu viel preis – lassen Sie die Gegenseite im Unklaren über Ihre Reaktion.

ZEIT SCHINDEN

Halten Sie die Gegenseite nur dann etwas hin, wenn Sie auf deren Angebot nicht sofort eingehen möchten. Mit folgender Taktik schinden Sie Zeit, ohne das Ergebnis der Verhandlung zu gefährden:

- Unterbrechen Sie die Vorstellung der Gegenseite – aber nur, wenn Sie dies als Versuch zur Klärung eines Punktes oder als Rückkehr zur Diskussion tarnen können.
- Beantworten Sie eine Frage mit einer Gegenfrage, oder stellen Sie mehrere Fragen – es schadet nichts, sich mehr Informationen zu verschaffen.
- Unterbrechen Sie die Verhandlung, um sich mit Kollegen zu besprechen, wenn Sie festgestellt haben, dass Sie sich mit einem Vorgesetzten kurzschließen müssen.

48 **Setzen Sie Verzögerungstaktiken nur behutsam ein.**

49 **Machen Sie klar, dass jedes Zugeständnis ein herber Verlust für Sie ist.**

NICHT VERGESSEN

- Ihre Position kann geschwächt werden, wenn Sie zu schnell auf den Vorschlag der Gegenseite reagieren.
- Informationen sollten als Teil eines Kompromisses ausgetauscht, nicht einfach hergegeben werden.
- Fragen können Sie immer stellen. Je mehr Informationen Sie haben, desto besser beherrschen Sie die Verhandlung.
- Es ist immer gut, den Vorschlag der Gegenseite zusammenzufassen.
- Geheime Tagesordnungen behindern den Fortgang und sollten vermieden werden.

50 **Bitten Sie um eine Unterbrechung, um neue Vorschläge zu beraten.**

ALTERNATIVEN VORSCHLAGEN

Wenn Sie sich zu einem Gegenangebot entschließen, dann sollte dies sofort geschehen, nachdem Sie das Angebot der Gegenseite zusammengefasst haben. Wenn Sie ein erfolgreicher Unterhändler werden wollen, sollten Sie lernen, dass es für jede Situation Alternativen gibt. Bestimmen Sie, was Sie als Gegenangebot aufbieten können und was für die Gegenseite Priorität hat. Bestimmen Sie, was für Sie am unwichtigsten ist, und nehmen Sie dies in Ihr Gegenangebot auf. So erscheinen Sie kompromissbereit, geben jedoch in Wirklichkeit nichts von großem Wert für Ihr Team her.

In einem klassischen Beispiel streiten zwei Brüder darüber, wie sie das letzte Stück Kuchen teilen sollen. Jeder möchte das größere Stück haben. Daraufhin schlägt der Vater vor, dass ein Sohn den Kuchen zwar nach Belieben aufteilt, der andere sein Stück jedoch frei wählen darf. Solch unorthodoxes Denken kann eine Verhandlung zu einem raschen und zufriedenstellenden Ende bringen.

AUF TRICKS REAGIEREN

Ein guter Unterhändler muss um Tricks und Taktiken in Verhandlungen wissen – und diese durchkreuzen. Sie sollten manipulative Taktiken erkennen und abwehren können, um bei Verhandlungen kostspielige Fehler zu vermeiden.

51 Wenn Sie auf einen Trick hereingefallen sind, denken Sie nach, bevor Sie reagieren.

NICHT VERGESSEN

- Die unerwartete Einführung neuer Punkte sollte vermieden werden.
- Wenn Sie auf einen Trick nicht eingehen, verhindern Sie die beabsichtigte Wirkung.
- Persönliche Angriffe sollten Sie mit Humor abwehren, statt verärgert zu reagieren.
- Tricks der Gegenseite sollten nicht persönlich genommen werden. Sie dienen »nur« manipulativen Zwecken.
- Schuldzuweisungen bei erfolgreicher Manipulation der Gegenseite sind Zeitverschwendung.

52 Üben Sie Reaktionen auf Taktiken, die bei Verhandlungen öfter zum Zuge kommen.

TRICKS VERSTEHEN

Bei Verhandlungen werden oft Taktiken eingesetzt, die einer Seite Vorteile bringen sollen, ohne viel zu kosten. Ihre Wirkung kommt aus der Suggestion: Man tut so, als ob die eigene Seite sowieso »verliert«, denn die Gegenseite sei ja um so vieles stärker. Dadurch wiegt sich die Gegenseite in Sicherheit – und wird nachlässig.

Auch wenn Sie solche Tricks vielleicht selbst nicht anwenden, müssen Sie in der Lage sein, sie jederzeit zu erkennen und abzuwehren, damit Sie Ihre Ziele erreichen können.

TRICKS ERKENNEN

Es erfordert Erfahrung, um manipulative Taktiken und suggestive Tricks zu erkennen. Andererseits muss jeder einmal anfangen, und Erfahrung gewinnt man nur durch die Praxis. Am besten können Sie lernen, indem Sie andere Teilnehmer sehr genau beobachten. Manipulative Taktiken verfolgen im wesentlichen drei Ziele:

- Ablenkung Ihres Teams, damit die Gegenseite die Diskussion beherrschen kann.
- Verlagerung des Gesprächsverlaufs auf Themen und Argumente, die ausschließlich der Gegenseite nutzen.
- Schneller Verhandlungsabschluss, bevor Sie mit den Bedingungen restlos zufrieden sind.

Die feindliche Taktik durchkreuzen

Taktik	Gegentaktik
Drohung Warnung vor unliebsamen Auswirkungen, falls Sie dem Angebot nicht zustimmen; Hinweis auf Strafen zu Ihren Lasten.	Sagen Sie der Gegenseite, dass Sie unter Druck nicht verhandeln können, dass Sie nur dann Zugeständnisse machen, wenn der Kern der Sache nachgewiesen wird.
Beleidigung Die Leistung Ihres Unternehmens oder Ihre berufliche Befähigung in Frage stellen; Qualität von Produkten und Dienstleistungen kritisieren.	Bleiben Sie ruhig, verlieren Sie nicht die Nerven, erwidern Sie keine Beleidigungen. Machen Sie Ihre Position unmissverständlich klar. Drohen Sie mit dem Abbruch der Verhandlung.
Bluff Mit Strafmaßnahmen drohen, ohne ins Detail zu gehen; zweifelhafte Behauptungen aufstellen, z. B. dass Ihre Konkurrenz bessere Preise bietet.	Lehnen Sie es ab, auf die Bedingungen einzugehen – und warten Sie die Reaktion ab. Stellen Sie alle Aussagen in Frage und verlangen Sie Beweise für fragwürdige Behauptungen.
Einschüchterung Jemanden warten lassen; jemanden an einem unangenehmen Platz sitzen lassen; während der Verhandlung Telefonate annehmen.	Machen Sie sich klar, dass dies Tricks sind, die Sie verunsichern sollen. Geben Sie Ihre Ausgangsposition nicht auf, bevor die andere Seite Ihnen entgegenkommt.
»Teilen und Herrschen« Meinungsverschiedenheiten bei der Gegenseite ausnutzen, indem man sich an Teilnehmer hält, die der eigenen Sache positiv gegenüberstehen.	Weisen Sie Ihr Team vorab ein. Legen Sie eine Position fest, die für alle annehmbar ist. Verlangen Sie eine Unterbrechung, wenn Meinungsunterschiede in Ihrem Team auftreten.
Suggestivfragen Jemandem mehrere Fragen stellen, die ihn veranlassen, eine Schwäche in der eigenen Verhandlungsposition einzuräumen.	Beantworten Sie keine Fragen, deren Absicht Sie nicht durchschauen. Prüfen Sie alle Behauptungen der Gegenseite. Knüpfen Sie all Ihre Zugeständnisse an Bedingungen.
An Gefühle appellieren Jemanden beschuldigen, unlauter zu handeln, wenn er nicht einwilligt; die Opferbereitschaft strapazieren; mangelndes Vertrauen zeigen.	Bekräftigen Sie Ihre Bereitschaft zu einer Einigung über die Modalitäten. Hinterfragen Sie die Gültigkeit manipulativer Behauptungen. Bringen Sie das Gespräch auf die zentralen Fragen.
Bis an die Grenze gehen Durch kleinere Verletzungen der vereinbarten Bedingungen Konzessionen erreichen, die sich zu erheblichen Gewinnen summieren.	Machen Sie sich klar, worauf Sie sich bei einem Vergleich einigen. Machen Sie eine verständliche Aufstellung der vereinbarten Bedingungen und bestehen Sie auf deren Einhaltung.

NEGATIVE EMOTIONEN

Gefühlsausbrüche von Teilnehmern können das Klima einer Verhandlung radikal ändern. Ein solcher Ausbruch kann Ausdruck von Unentschlossenheit, mangelndem Durchblick oder Aggression sein, die häufigste Ursache ist jedoch wohl, dass jemand die Nerven verliert. Negative Emotionen eignen sich auch als Trick, da es die Aufmerksamkeit vom Verhandlungsgegenstand auf eine Person lenkt. Entscheiden Sie in einem solchen Fall, ob es wirklich ein Trick oder nicht – und bringen Sie die Verhandlung schnellstmöglich wieder auf das Thema. Bleiben Sie selbstsicher in solchen Situationen, dann wird man es nicht mehr versuchen.

53 Unterbrechen Sie, wenn Unbekanntes in die Verhandlung eingebracht wird.

54 Gehen Sie nur auf konstruktive Argumente ein.

UMGANG MIT TRICKS UND NEGATIVEN EMOTIONEN

PROBLEME	MÖGLICHE LÖSUNGEN
VERWIRRTER TEILNEHMER	• Benutzen Sie Anschauungsmaterial, um komplizierte Sachverhalte zu erklären. • Halten Sie schwierige Vorschläge in kurzen klaren Sätzen schriftlich fest. • Folgen Sie genau der Tagesordnung, um weitere Verwirrung zu vermeiden. • Ziehen Sie evtl. einen Dritten hinzu, der die Sache mit anderen Augen sieht.
UNENTSCHLOSSENER TEILNEHMER	• Gehen Sie langsam und methodisch vor. Wiederholen Sie gegebenenfalls. • Sagen Sie die Prüfung der anstehenden Fragen bis zu einem festen Termin zu. • Vertagen Sie, damit ein unentschlossener Teilnehmer sich besprechen kann. • Stellen Sie die Themen möglichst lebendig und anschaulich dar.
AGGRESSIVER TEILNEHMER	• Wiederholen Sie alle Fakten, bleiben Sie ruhig und vermeiden Sie Emotionen. • Lassen Sie sich nicht auf Wortgefechte ein – bleiben Sie immer ruhig. • Stellen Sie entschieden klar, dass Einschüchterungen unannehmbar sind. • Schlagen Sie eine Vertagung vor, bis sich die Gemüter beruhigt haben.
EMOTIONALER TEILNEHMER	• Stellen Sie weder Motive noch Integrität der Verhandlungsteilnehmer in Frage. • Unterbrechen Sie einen Ausbruch nicht, sondern warten Sie geduldig ab. • Reagieren Sie auf Gefühlsausbrüche mit nüchternen Fragen. • Vertagen Sie das Gespräch, damit der Teilnehmer sich beruhigen kann.

VERHANDLUNG VERTAGEN

Normalerweise begegnet man »Spielchen« wie emotionalen Ausbrüchen mit einer Vertagung. Aber eine solche Unterbrechung kann auch als Hinhaltetaktik genutzt werden – von Ihnen wie von der Gegenseite. Wenn eine Seite eine Vertagung verlangt, muss die andere Seite entweder akzeptieren oder die Verhandlung abbrechen.

Vertagen Sie eine Verhandlung, damit die Gegenseite sich abreagieren kann. Nutzen Sie eine Vertagung, um Ihre Position und Taktik zu überprüfen, falls unerwartet neue Themen eingeführt wurden. Seien Sie sich jedoch darüber im Klaren, dass Vertagungen eine Übereinkunft verzögern und zum Nachteil gereichen können. Wenn Sie eine Vertagung fordern, fassen Sie die bisherige Diskussion vorher noch einmal zusammen.

55 Verlangen Sie eine Vertagung, wenn ein neues Thema eingeführt wird.

56 Halten Sie stets Wort, wenn Sie etwas »inoffiziell« klären.

INFORMELLE GESPRÄCHE

Wenn eine Verhandlung an einem toten Punkt angelangt ist, kann es hilfreich sein, das Gespräch auf anderer Grundlage fortzusetzen. Schlagen Sie »inoffizielle« Gespräche vor, ohne dass dabei protokolliert wird; keine Seite ist daran gebunden. Ermuntern Sie die Gegenseite, zwanglos und vertraulich über ihre Vorbehalte gegen Konzessionen zu sprechen. Gehen Sie wenn möglich in einen anderen Raum in der Nähe, da eine neue Umgebung einem lockeren Gespräch förderlich sein kann. Wenn Fachleute sich in einer technischen Frage nicht einigen können, regen Sie an, die unabhängige Meinung eines »dritten« Experten einzuholen.

VERTRAULICHE GESPRÄCHE ▶

Eine informelle Plauderei abseits des Konferenztisches, an dem sich die Parteien normalerweise gegenübersitzen, kann die Verhandlung schlichten. Nutzen Sie solch eine Gelegenheit, um der Gegenseite zu zeigen, dass Sie vernünftig und aufgeschlossen sind.

KÖRPERSPRACHE RICHTIG VERSTEHEN

Während einer Verhandlung können Sie sehr viel über die Gegenseite erfahren, wenn Sie körpersprachliche Signale beachten. Achten Sie besonders auf die Augen, auf das Gesicht, auf die Hände und die Körperhaltung der Teilnehmer.

57 Einer von Ihnen sollte auf Körpersignale der Gegenseite achten.

WAS SIGNALE BEDEUTEN

Blickkontakt mit einer anderen Person zeugt vom Wunsch, Informationen zu übermitteln oder zu erhalten. Beim Sprechen blicken sich Menschen mindestens ein paar Sekunden lang an. Blickkontakt ist eines der wichtigsten Mittel der Körpersprache. Berücksichtigen Sie auch die Gedanken Ihrer Gegenspieler, wenn diese Ihre Signale, Gesten und Körperhaltungen »lesen«.

SIGNALE VERSTEHEN ▶
Sie brauchen nur wenige Sekunden, um bei der Gegenseite ein eindeutiges Echo auf Ihre Worte festzustellen. Registrieren und verstehen Sie diese Signale, und machen Sie sich dieses Wissen zunutze. Bestimmen Sie den offensten Zuhörer der Gegenseite und wenden Sie sich vor allem an diesen.

58 Achtung: Wichtige Signale dauern nur eine Sekunde lang.

UMGANG MIT FALSCHHEIT

Geschickte Unterhändler können die Gegenseite körpersprachlich in die Irre führen. Nehmen Sie Körpersprache nicht für bare Münze, denn es ist ganz einfach nach einer feindlichen Äußerung zu lächeln. Auch jemand, der interessiert scheint, kann einen Vernichtungsschlag vorbereiten. Beobachten Sie die Körpersprache einer Person immer im Zusammenhang mit den anderen Teilnehmern der Gegenseite, um ein Bild der Gruppe zu erhalten. Bleiben Sie immer wachsam, auch wenn die Verhandlung gut vorankommt.

59 Achten Sie bei Körpersprache vor allem auf Ihr Gefühl.

POSITIONEN DARLEGEN

Eine eigentliche Verhandlung beginnt, wenn jede Seite ihre Position dargelegt und den Vorschlag der Gegenseite gehört hat. Arbeiten Sie auf eine für beide Seiten annehmbare Übereinkunft hin, nachdem beide Parteien ihre Position überprüft haben.

60 Stellen Sie viele »Wie«-Fragen, um Kompromissbereitschaft zu zeigen.

POSITIONEN BEKRÄFTIGEN

Nachdem Sie den Vorschlag der Gegenseite gehört haben, möchte Ihr Team seine Strategie oder Taktik vielleicht überdenken. Achten Sie auf Punkte, die für beide Seiten interessant sein könnten. Wo könnten Sie verzichten und inwieweit wären Sie zu einem Entgegenkommen bereit? Bestehen zwischen den beiden Positionen größere Unterschiede? Ist ein Gegenvorschlag von Ihnen als Antwort auf den Vorschlag der Gegenseite erforderlich? Vielleicht müssen Sie einige kleinere Anpassungen vornehmen, bevor die Diskussionsphase beginnt.

61 Achten Sie auf veränderte Körpersprache, passen Sie Ihre Taktik an.

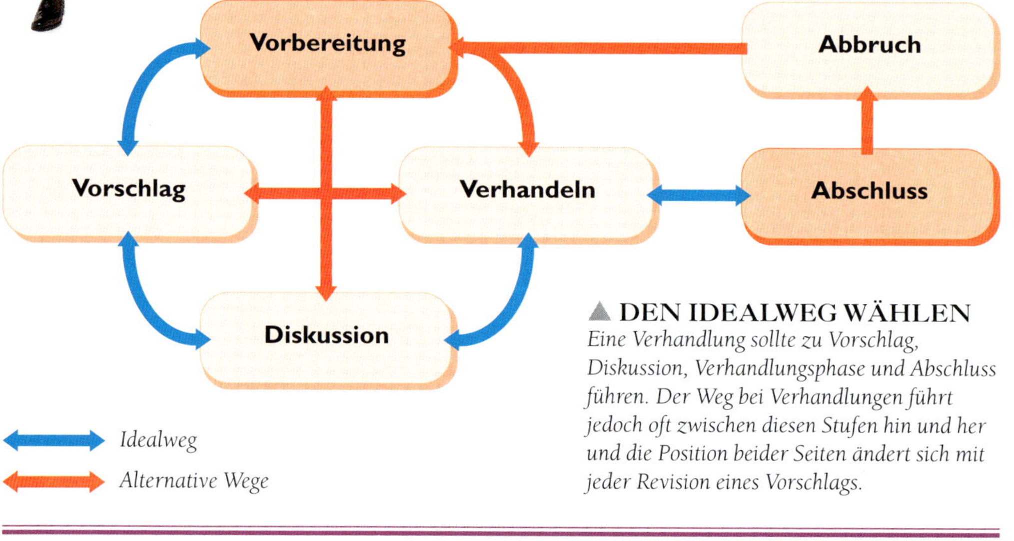

▲ DEN IDEALWEG WÄHLEN
Eine Verhandlung sollte zu Vorschlag, Diskussion, Verhandlungsphase und Abschluss führen. Der Weg bei Verhandlungen führt jedoch oft zwischen diesen Stufen hin und her und die Position beider Seiten ändert sich mit jeder Revision eines Vorschlags.

GESICHTSAUSDRÜCKE LESEN

Die meisten Menschen zeigen ihre Emotionen ungewollt durch ihren Gesichtsausdruck. Achten Sie also genau auf das triumphierende Zucken der Lippen oder ein unterdrücktes Gähnen. Solche Signale sind vor allem in der Diskussionsphase äußerst wertvoll.

▲ VERÄRGERUNG
Weit geöffnete Augen und hochgezogenen Brauen verraten Enttäuschung und Gereiztheit. Verärgerung tritt dann ein, wenn kein Fortschritt zu verzeichnen ist.

▲ LANGEWEILE
Geneigter Kopf, hochgezogene Brauen und verdrehte Augen verraten Langeweile. Nutzen Sie Langeweile, um das Geschehen weiter voranzubringen.

▲ ZWEIFEL
Unbewusster Griff ans Ohr und abgewendeter Blick zeugen von Zweifeln. Die Zuhörerin ist noch lange nicht von dem überzeugt, was sie gehört hat.

NICHT VERGESSEN

- Taktieren Sie, nachdem Sie Ihre Position dargelegt haben.
- Ändern Sie Ihre Vorschläge, um neue Informationen der Gegenseite mit aufzunehmen.
- Erkunden Sie alle möglichen Wege: »Wenn wir das täten, würden Sie dann ...?«
- Streben Sie immer ein für beide Seiten gutes Ergebnis an.

62 Fassen Sie regelmäßig Ihre Position zusammen.

THEMEN BESPRECHEN

Wenn beide Seiten ihre Positionen umrissen haben, dann muss ausgiebig über die grundlegenden Annahmen und Fakten diskutiert werden. Diese Gespräche stellen den entscheidenden Teil der Verhandlung dar. Nutzen Sie diese Phase für die Suche nach Gemeinsamkeiten.

Ein Gespräch kann schnell emotional und hitzig werden, wenn man sich gegenseitig beschuldigt. Führen Sie jedes Gespräch ruhig. Wenn Sie enttäuscht oder zornig sind, lassen Sie es sich nicht anmerken. Übertrumpfen Sie die Gegenseite nicht; versuchen Sie lieber, ein Band zu ihr zu knüpfen. Ein Fehler der Gegenseite kann Ihre Sache stärken, aber erlauben Sie dem Gegner einen Rückzug ohne Gesichtsverlust. Oft ist es gut, über unstrittige Punkte zu sprechen, ehe man zu strittigen kommt.

DIE EIGENE POSITION STÄRKEN

Wer die Oberhand bei Verhandlungen besitzt, gewinnt augenblicklich an Kraft. Führen Sie möglichst viele Punkte zur Stärkung Ihrer Position an, damit die Gegenseite von der Stärke und Gründlichkeit Ihrer Argumente überwältigt wird.

63 Nutzen Sie Wiederholungen, um Ihre Hauptpunkte hervorzuheben.

DEN VORSPRUNG HALTEN

Stärke hat mit Macht zu tun – Macht, mit der Sie das Ergebnis der Verhandlung beeinflussen können. Wenn Sie ein wichtiges Argument durchgebracht haben, wahren Sie Ihre starke Position, indem Sie die Gegenseite an die Nachteile erinnern, wenn sie Ihren Vorschlag ablehnt. Machen Sie es der Gegenseite so leicht wie möglich, ihre Position zu ändern. Das vermeidet ein Patt.

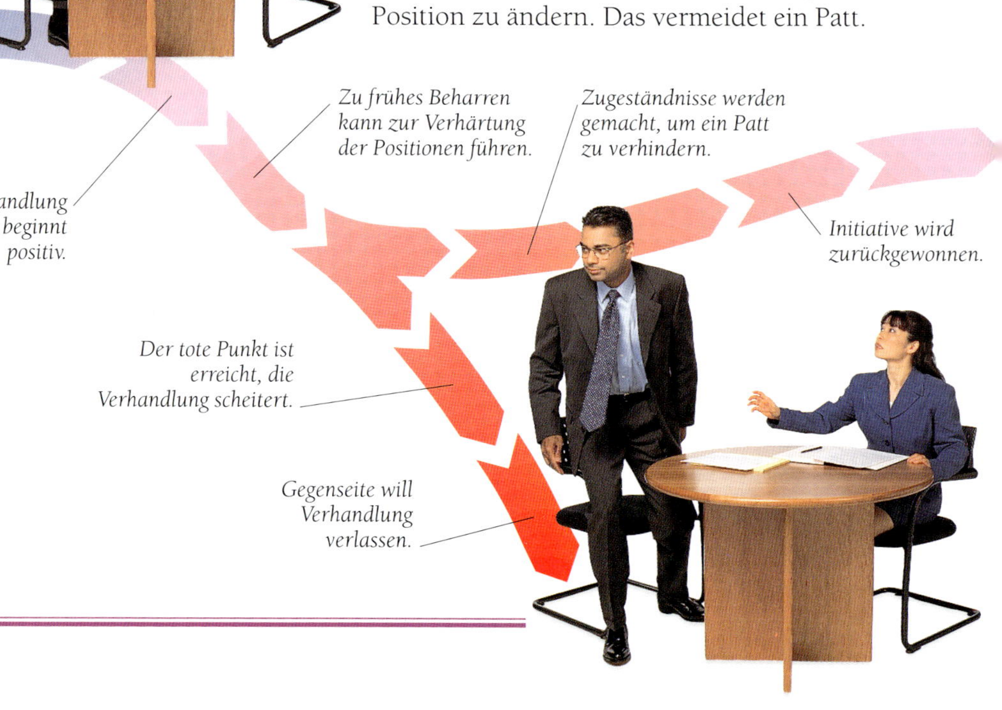

64 Nutzen Sie einen Dritten, wenn Sie einen Schlichter brauchen.

65 Verletzen Sie nie die Würde der Gegenseite.

DIE SITUATION KONTROLLIEREN

Verhandeln kann anstrengend sein: Sie kämpfen um das Ergebnis und wollen sich vorteilhaft verkaufen. Die Verhandlung kreist um eine brisante Frage, oder Sie fühlen sich durch die Taktiken der Gegenseite bedroht. Nehmen Sie nie etwas persönlich, da Sie sonst die Kontrolle über die Situation verlieren können. Konzentrieren Sie sich auf die Fragen. Vermeiden Sie Kritik an Widersachern, lassen Sie sich bei Verhandlungen nie zu persönlichen Beleidigungen hinreißen.

Wenn Sie Zugeständnisse machen müssen, damit die Verhandlung nicht scheitert, dann stellen Sie eigene Bedingungen. Sie müssen nichts preisgeben, ohne etwas dafür zu bekommen. Denken Sie langfristig, denn ein Kompromiss ist meist ein konstruktiver Schritt auf dem Weg zu einer Übereinkunft.

▲ **EIN GESCHÄFT ENTSCHEIDEN**
Diese Darstellung zeigt zwei mögliche Wege einer Verhandlung. Trotz eines sehr guten Beginns kann es zu einer Verschlechterung bis hin zum Abbruch kommen. Oder die Verhandlungspartner vermeiden den toten Punkt mit Zugeständnissen und Kompromissen in kleineren Fragen. Dann kann ein für beide Seiten befriedigendes Ergebnis erzielt werden.

NICHT VERGESSEN

- Wiederholen Sie Ihre Punkte klar und bestimmt, aber nicht aggressiv.
- Das Positive betonen, das Negative verbergen: »Wir haben vielleicht im letzten Jahr keinen Gewinn gemacht, aber sehen Sie sich die Zahlen von diesem Jahr an.«
- Jeden Fehler sofort zugeben, damit Sie zuversichtlich weitermachen können.
- Arroganz mindert Ihre Chancen auf eine Einigung mit der Gegenseite.
- Ein Geschäft wird abgeschlossen, nicht gewonnen. Überzeugen Sie Ihre Gegner, dass es allen nützt.
- Behalten Sie Ihre ursprünglichen Ziele fest im Kopf.

DIE POSITION DER GEGENSEITE SCHWÄCHEN

Stärken Sie Ihre eigene Position, um bei Verhandlungen ein gutes Ergebnis zu erzielen. Versuchen Sie zugleich, die Gegenseite zu schwächen. Nutzen Sie unterschiedliche Taktiken, um den Einfluss der Gegenseite bei Verhandlungen zu reduzieren.

66 Setzen Sie Ihren Vorteil durch, wenn die Gegenseite nachlässt.

67 Verhandeln Sie wichtige Fragen nicht am Ende der Sitzung, wenn die Kraft nachlässt.

DEN GEGNER ERSCHÜTTERN

Erschüttern Sie bei Verhandlungen die Zuversicht und Glaubwürdigkeit der Gegenseite, indem Sie deren Informationen anzweifeln. Prüfen Sie fortwährend die Stichhaltigkeit der gegnerischen Position; achten Sie auf Schwächen, logische Fehler und Irrtümer, falsch gebrauchte Zahlen und ausgelassene Tatsachen. Vermeiden Sie es, die Gegenseite durch persönliche Angriffe zu schwächen. Solche Angriffe bewirken oft heftige Reaktionen. Grundlose Angriffe bringen Ihnen kaum Sympathien bei einem eventuell notwendigen Schlichtungsverfahren ein.

EMOTIONEN EINSETZEN

Emotionen können bei Verhandlungen eingesetzt werden: Sie überzeugen vielleicht andere und schwächen damit die Gegenseite. Machen Sie jedoch sparsam Gebrauch davon, da die Wirkung rapide nachlässt. Gefühlsausbrüche können sich auch als Bumerang erweisen: Statt die Gegenseite zu beeinflussen, können sie die Gemüter erhitzen. Dies kann zum sofortigen Scheitern der Verhandlung führen.

68 Suchen Sie bei der Gegenseite beständig nach Schwachstellen.

IRRTÜMER ERKENNEN

Ein sehr wirksames Mittel, um die gegnerische Position zu erschüttern, ist das Aufdecken sachlicher oder logischer Irrtümer. Vorsicht ist bei Zahlen angesagt: Werden Ihnen wunderbare Tabellen und Charts vorgelegt, fragen Sie nach den Dingen, die hier nicht enthalten sind. Dort finden Sie vielleicht unliebsame Überraschungen und Fehler. Decken Sie diese sofort vor allen Teilnehmern auf.

NICHT VERGESSEN

- Drohungen können auch zum Bumerang werden.
- Auch bei schwierigen Verhandlungen, z. B. über Arbeitsplatzabbau, sollten die Verhandlungen kooperativ angegangen werden.
- Gute Teamarbeit kann starken Druck auf die Gegenseite ausüben.

TAKTIKEN ZUR SCHWÄCHUNG DER GEGENSEITE

TAKTIK	BEISPIELE FÜR SOLCHE TAKTIKEN
FINANZIELL Strafgelder für eine oder beide Seiten, falls keine Einigung erzielt wird.	• Sagen Sie den anderen Parteien, dass Kosten anfallen, wenn z. B. Waren eingelagert werden müssen, bis man sich über den Eigentümer einigt. • Erklären Sie der Gegenseite, dass Alternativkosten anfallen, wenn sich die Verhandlung hinzieht.
RECHTLICH Klagen oder einstweilige Verfügungen, um eine Seite am Handeln zu hindern oder den Fortgang zu verzögern.	• Drohen Sie mit rechtlichen Schritte, falls Sie gute Beweise haben. Machen Sie der Gegenseite das Kosten- und Zeitrisiko im Fall eines Verlustes klar. • Ein langwieriger Rechtsstreit kann zu Produktionsverzögerungen und Verlusten führen, falls keine Einigung erzielt wird.
SOZIAL Soziale Argumente und Drohungen sind bei diskriminierenden Vorschlägen angebracht.	• Sagen Sie der Gegenseite, dass ihr Angebot eine soziale oder z. B. eine ethnische Beleidigung ist. • Belegen Sie, wie ungerecht das geplante Angebot für die betroffene Gruppe wäre.
DEMÜTIGUNG Öffentliche Demütigung der Gegenseite oder Einzelner in den Augen ihrer Kollegen.	• Demütigen der Gegenseite, um ihr Image schädigen. Das beeinträchtigt ihre Glaubwürdigkeit massiv, wirkt sich aber wohl kaum auf ihr Geschäft aus. Bedenken Sie dabei, dass Gedemütigte meist auf Rache sinnen.
EMOTIONAL Der Gegenseite Schuldgefühle suggerieren, wenn sie keine Zugeständnisse macht.	• Die Gegenseite emotional erpressen, wenn sie Ihnen nicht genug Spielraum lässt. Doch Vorsicht: Diese Taktik geht manchmal nach hinten los. Emotionale manipulierte Personen werden manchmal noch konzessionsunwilliger.

ABSCHLUSS DER VERHANDLUNG

Eine Verhandlung kann nur dann zu einem erfolgreichen Abschluss kommen, wenn beide Seiten akzeptable und annehmbare Zugeständnisse gemacht haben.

POSITIONEN VERÄNDERN

Es ist heikel, während einer Verhandlung die Positionen grundsätzlich zu ändern. Jede Seite macht zwar Zugeständnisse für eine Einigung, wenn Sie jedoch der Schwächere sind, dann können fundamental veränderte Positionen kostspielig werden.

69 Machen Sie zuerst kleine Zugeständnisse – vielleicht genügen sie schon.

70 Halten Sie ständig Blickkontakt, um klarzumachen, dass jedes Zugeständnis ein Verlust ist.

ZUGESTÄNDNISSE MACHEN

Wenn Sie zu Konzessionen gezwungen werden, dann sollten Sie langfristig kalkulieren. Behalten Sie die Situation im Griff, indem Sie:

- Abschätzen, wie viel Spielraum Sie haben. Bewerten Sie, was Sie herzugeben bereit sind, damit es gegen Zugeständnisse der Gegenseite aufgerechnet werden kann.
- Kompromisse schließen, ohne das Gesicht zu verlieren. Wenn Sie z. B. im extremen Ausmaß zurückstecken müssen, können Sie sagen: »Da Sie Ihre Position geändert haben, können auch wir unsere Position aufgeben.«

HYPOTHETISCHE ANGEBOTE MACHEN

Testen Sie die Flexibilität der Gegenseite mit hypothetischen Angeboten, bevor Sie Zugeständnisse machen. »Wenn« ist das entscheidende Wort bei den Fragen, die Sie zu nichts verpflichten, Ihnen aber viel über die Gegenseite verraten.

„Wenn wir noch eine Million drauflegen, bekommen wir dann das Geschäft mit Rom und das Frachtschiff?“

„Wenn ich den Preis um 20 Prozent senke, geben Sie mir dann im Voraus einen Festauftrag?“

„Wenn ich Ihnen statt 60 Tagen 90 Tage Ziel einräume, geben Sie mir dann die Zinsen, die Sie gezahlt hätten?“

BEDINGUNGEN BESPRECHEN

Gegen Ende einer Verhandlung müssen Sie über die Bedingungen der Übereinkunft sprechen. Machen Sie hypothetische Angebote, um einen grundsätzlichen Abschluss zu finden. Bedingungen des Abschlusses sind der Zahlungsmodus, wie lange die Übereinkunft gelten soll und was geschehen soll, wenn bei der Durchführung des Geschäfts irgendwelche Probleme auftreten – ob z. B. ein Schlichter eingeschaltet werden sollte.

71 **Geben Sie nichts preis, wenn Sie keine Gegenleistung erhalten.**

ERFOLGREICH HANDELN ▶

Hier ein Beispiel für eine erfolgreiche Verhandlung: Der Verkäufer findet heraus, wie viel die Kundin zu zahlen bereit ist, und die Kundin bekommt das Gewünschte zu einem Preis, den sie sich leisten kann.

FALLBEISPIEL

Julia wollte den roten Teppich haben, den sie auf dem Flohmarkt gesehen hatte. Sie fragte nach dem Preis. Der Verkäufer nannte zwar keinen Preis, wusste jedoch, dass ihn der Teppich 300 DM gekostet hatte. Erst einmal bot er Julia einen Kaffee an.

Julia ging in Abwehrhaltung: »Ich möchte sowieso lieber einen braunen Teppich«, meinte sie. »Ich habe auch wunderbare braune Teppiche«, erklärte der Verkäufer und wollte sie zeigen. Julia wehrte ab.

Nun beschloss Julia doch, um den roten Teppich zu handeln. Sie fragte erneut nach dem Preis. Der Verkäufer nannte 1400 DM. »Das ist viel zu viel«, sagte Julia und wollte gehen. Sie bot 500 DM. »Sie bekommen ihn für 1300 DM«, erklärte der Verkäufer. »Nein danke«, erwiderte Julia und drehte sich um. Schließlich überließ ihr der Verkäufer den Teppich für 600 DM, das Doppelte seiner Ausgaben.

EIN PAKET VERHANDELN

Sprechen Sie vor dem Abschluss einer Verhandlung über die Bedingungen und versuchen Sie, verschiedene Verhandlungspunkte zusammenzufassen. Bündeln Sie verwandte Themen, statt über jedes einzeln zu verhandeln. Das gibt Raum für mehr Zugeständnisse: Sie können in weniger wichtigen Fragen des Pakets nachgeben, um sich stärker für Ihr Hauptziel einzusetzen. Konzentrieren Sie sich z. B. nicht nur auf eine Lohnerhöhung. Verbinden Sie die Bezahlung mit mehr freiwilligen Sozialleistungen und Gratifikationen. Geben Sie bei Nebenaspekten eher nach, um Ihr Hauptziel zu erreichen.

Bei Verhandlungen um ein Forderungspaket zeigen sich schnell die wirklichen Prioritäten der Gegenseite. Sie verhandeln vielleicht mit jemandem, der ein halb leeres Frachtschiff voll bekommen will und somit nicht allzu sehr über den Preis pro Container nachdenkt.

72 Geben Sie bei Kleinigkeiten nach, um das Hauptziel zu erreichen.

73 Mit frühen Kompromissen kommt man aus mancher Sackgasse heraus.

KONZENTRATION AUF TEILE IM PAKET

Dieses Tortendiagramm zeigt die Zeitanteile in einer Verhandlung zwischen einer Computerfirma und einer kleinen Programmierfirma über ein großes Softwarepaket. Die meiste Zeit wurde für das Honorar eingesetzt – der wichtigste Punkt der Auftragnehmer. Dafür waren sie bereit, anderen Forderungen des Auftraggebers (Liefertermin, Zahlungsmodalitäten, Verpackung etc.) entgegenzukommen.

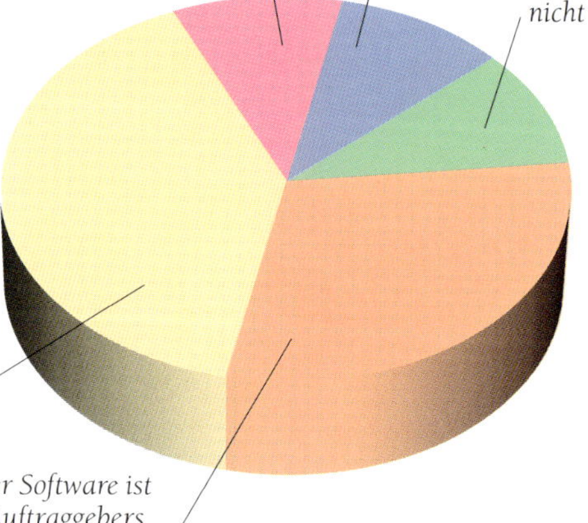

ABLEHNUNG VERMEIDEN

Ein ganzes Vorschlagspaket bietet den Vorteil, dass unwichtige Punkte abgelehnt werden können, ohne dass eine Seite ihr Gesicht verliert. Mit hypothetischen Angeboten kann die Verhandlung geführt werden, bis ein Kompromiss erreicht ist. In beiden Fällen erfahren Sie viel über die Prioritäten und die Kompromissfähigkeit Ihrer Gegenseite, je nachdem wie diese auf Ihre Angebote reagiert.

Vermeiden Sie Situationen, wo Ihr letztes Angebot abgelehnt wird. Das schwächt Ihre Verhandlungsposition und erschwert ein Kräftegleichgewicht. Angenommen, die Gegenseite erklärt: »Ihr letztes Angebot von 400 DM ist völlig unannehmbar.« Falls Sie antworten: »Wie ist es, wenn wir es auf 500 DM erhöhen?«, dann haben Sie einen Glaubwürdigkeitsverlust erlitten. Verhindern Sie offene Ablehnung, indem Sie Ihr Paket verbessern, wenn Sie sich einer Einigung nähern.

NICHT VERGESSEN

- Jede Seite sollte sich über ihre Ziele im Klaren sein.
- Jede Ihrer Bemerkungen sollte mit Bedingungen einhergehen.
- Die Folgen einer Nichteinigung müssen bedacht werden.
- Wenn es immer schwerer wird, der Gegenseite Konzessionen abzuringen, dann ist es Zeit für Ihr letztes Angebot.
- Ihr letztes Angebot sollten Sie nur in einem kooperativen, kompromissfähigen Klima abgeben.
- Der Gegenseite muss klar sein, dass Ihr letztes Angebot ernsthaft ist.
- Der Gegenseite muss zugestanden werden, kurz zu unterbrechen, um Ihr Angebot zu besprechen.

ABMACHUNGEN FESTHALTEN

Wenn Sie eine Verhandlung erfolgreich abgeschlossen haben, dann fassen Sie das Ergebnis schriftlich zusammen und lassen alle Beteiligten unterzeichnen. Solch ein schriftliches Ergebnis verhindert spätere Unklarheiten und Streit. Die Zusammenfassung muss eindeutig feststellen, wer was wie und wann bekommt und was dazu getan werden muss. Beide Seiten müssen die Übereinkunft unterzeichnen. Klären Sie in diesem Stadium vieldeutige Begriffe wie »angemessen« oder »wichtig«. Wenn nicht genügend Zeit ist, dass sofort jeder unterschreibt, dann halten Sie das Verhandlungsergebnis in einem elektronischen Notizbuch, auf Band oder als Mitschrift fest. Lassen Sie nach dem Treffen ein detailliertes Protokoll anfertigen. Schicken Sie eine Kopie an die Gegenseite und bitten Sie um schriftliche Bestätigung, dass das Protokoll das Ergebnis der Verhandlungen richtig wiedergibt. Das Protokoll muss rasch in Umlauf gebracht werden, damit die Verhandlung im Fall von Unstimmigkeiten neu einberufen werden kann.

NOTIZ FESTHALTEN ▶
Machen Sie sich Notizen oder halten Sie Entscheidungen z. B. in einem Notebook fest.

VERHANDLUNG BEENDEN

Wenn die Einigung kurz bevorsteht, vergewissern Sie sich, dass alle Seiten die Punkte gleich verstehen und die Übereinkunft bestätigen werden. Dann können Sie der Verhandlung schließen. Hierfür gibt es verschiedene Möglichkeiten.

74 Halten Sie alle Vereinbarungen am Schluss schriftlich fest.

KURZE ÜBERPRÜFUNG

Bevor Sie eine Verhandlung schließen, sollten Sie sich vergewissern, dass die maßgeblichen Faktoren im Auge behalten wurden und dass nicht persönliche Gefühle Ihr Urteil und Ihre Entscheidungen beeinflusst haben. Sind Sie wirklich auf einen höheren Preis aus, weil Sie Gewinn machen müssen? Oder wollen Sie nur das Gefühl vermeiden, die Gegenseite hätte Sie an die Wand gedrückt?

75 Lesen Sie alle Notizen vom Beginn der Verhandlung nochmals durch.

BEDINGUNGEN BESTÄTIGEN

In diesem Verhandlungsstadium muss gesichert sein, dass alle Seiten über das gleiche Thema reden. Prüfen Sie die Wortwahl für die endgültige Vereinbarung. Definieren Sie alle Schlüsselbegriffe des ausgehandelten Vertrags und benutzen Sie deutliche Begriffe. Die Bedingungen müssen klar und genau festgehalten werden, da beide Seiten sich einig sind, sich im Streitfall an diese Bedingungen zu halten. Diese genaue Überprüfung der Übereinkunft kann noch einmal Unstimmigkeiten aufdecken. Der Abschluss der Verhandlung muss die Lösung dieser Probleme enthalten, was Ihnen oder der Gegenseite Raum für das Aushandeln neuer Konzessionen geben kann: »Wenn ich gemerkt hätte, dass Sie Lieferung in New York meinten, hätte ich niemals den Frachtkosten zugestimmt – sehen wir uns die Sache noch mal an.«

76 Besprechen und definieren Sie schriftlich alle eventuell mehrdeutigen Begriffe.

77 Übergehen Sie keine Punkte, nur um die Verhandlung zu beschleunigen.

MÖGLICHKEITEN BEIM VERHANDLUNGSSCHLUSS

SCHLUSSMODELLE	DAS SOLLTEN SIE BEDENKEN
ZUGESTÄNDNISSE MACHEN, DIE FÜR ALLE ANNEHMBAR SIND Zugeständnisse anregen und annehmen, um das Geschäft abzuschließen, ohne die eigene Position zu gefährden.	• Diese Fortsetzung der Verhandlung kann aus der Sackgasse führen. • Die Gegenseite ist vielleicht versucht, noch mehr Konzessionen zu bekommen. • Späte Zugeständnisse können Ihre Glaubwürdigkeit erschüttern.
ALLE SEITEN EINIGEN SICH AUF HALBEM WEG Alle Verhandlungspartner sind sich einig, sich in der Mitte zu treffen, um ein Ergebnis zu erzielen.	• Schwer zu sagen, wo die faire Mitte für beide Seiten liegt. • Dieses Indiz zeigt, dass Sie noch zu Konzessionen bereit sind. • Keine Seite hat das Gefühl, am Ende der Verhandlung gewonnen oder verloren zu haben.
EINER SEITE DIE WAHL BIETEN ZWISCHEN ZWEI ANNEHMBAREN ALTERNATIVEN Die Gegenseite zur Bewegung auffordern, indem man ihr zwei Optionen zur Auswahl bietet.	• Jedes »letzte« Angebot von Ihnen scheint nicht wirklich das letzte gewesen zu sein. • Es ist nicht einfach, zwei wirklich gleich gute Optionen zu finden. • Es gibt keine Garantie, dass die Gegenseite einen der Vorschläge annimmt.
NEUE ANREIZE ODER SANKTIONEN EINFÜHREN Die Gegenseite unter Druck setzen, indem man neue Anreize oder Sanktionen einführt.	• Angedrohte Sanktionen verstärken auf der Gegenseite den Eindruck von Feindseligkeit. • Neue Anreize können das Gleichgewicht einer Verhandlung vollkommen verändern. • Vielleicht ergibt sich eben hieraus der nötige Anstoß, damit die Gegenseite zustimmt.
NEUE IDEEN ODER FAKTEN IM ENDSTADIUM EINFÜHREN Neue Ideen am Verhandlungstisch sind ein Anreiz für neue Gespräche und können zu einer Einigung führen.	• Gibt der Gegenseite Raum für Zugeständnisse. • Neue Ideen können Ihre Glaubwürdigkeit erschüttern – Sie hätten diese früher äußern sollen. • Dieses Modell kann die gesamte Verhandlungsbasis untergraben, so dass Sie wieder ganz am Anfang stehen.
EINE VERTAGUNG ANREGEN, WENN EIN PATT DROHT Eine Vertagung gibt jeder Seite Gelegenheit zu überlegen, was geschieht, wenn es keine Einigung gibt.	• Eine Vertagung ermöglicht beiden Seiten, mit außenstehenden Beratern zu sprechen. • Die Umstände können die Lage der Parteien während der Vertagung ändern. • Es kann sehr schwer sein, einen neuen Zeitpunkt für ein Treffen zu finden.

ZUM SCHLUSS KOMMEN

Wenn Sie sich entschieden haben, können Sie jetzt zur Tat schreiten. Achten Sie aber auf die Stimmung der Gegenseite. Machen Sie Ihr letztes Angebot in einer Aufschwungphase der Gespräche – das kann über Erfolg oder Misserfolg entscheiden.

78 Seien Sie beim Abschluss bestimmt, aber nicht aggressiv.

DAS ANGEBOT TIMEN

Machen Sie Ihr letztes Angebot in kooperativer Stimmung der Gespräche. Setzen Sie alles daran, die richtige Atmosphäre zu schaffen:

- Loben Sie die Gegenseite: »Das war eine sehr gute Bemerkung. Ich glaube, ich kann Ihnen angesichts dessen anbieten...«
- Machen Sie sich klein: »Ich fürchte, mir selbst sind keine besonders gute Gedanken gekommen, aber vielleicht können wir uns darauf einigen...«
- Heben Sie hervor, wie weit Sie gemeinsam gekommen sind: »Ich glaube, wir haben heute wirklich gute Fortschritte gemacht, so dass ich mich in der Lage sehe, Ihnen anzubieten ...«

79 Vergewissern Sie sich, dass Ihr Gegenüber zum Abschluss befugt ist.

▼ **ABSCHLIESSEN**
Wenn ein Verhandlungsteam zum Abschluss bereit ist, muss der Leiter die Initiative ergreifen.

Ein Angebot erarbeiten

Schlagen Sie keinen blinden Alarm, wenn Sie sich dem Abschluss nähern. Vielleicht haben Sie zu einem früheren Zeitpunkt ein Angebot als »endgültig« bezeichnet. Diese Taktik wird oft angewandt. Sprechen Sie nicht zu viel von Ihrem »letzten Angebot«, wenn Sie wissen, dass es nicht stimmt. Machen Sie sich Gedanken, wie Sie das »endgültig letzte Angebot« anzeigen. Stellen Sie klar, dass Sie das Geschäft lieber sausen lassen, als noch weitere Zugeständnisse zu machen.

Nicht vergessen

- Wenn Sie mit viel »Getöse« betont haben, dass dieses Angebot Ihr letztes ist, sollten Sie kein weiteres Angebot abgeben.
- Alle Teammitglieder sollten durch Körpersprache bekräftigen, dass dies das letzte Angebot ist.
- Es ist unklug, die letzten Punkte einer Abmachung im Eiltempo abzuhandeln.

80 Sehen Sie die Gegenseite an, wenn Sie Ihr letztes Angebot machen.

81 Wenn Sie mit dem Vertrag unzufrieden sind, unterschreiben Sie ihn nicht.

Das letztes Angebot

Zeigen Sie der Gegenseite durch die richtigen Worte, durch Stimme und Körpersprache, dass Sie Ihr »endgültig letztes Angebot« unterbreiten. Wirken Sie entschlossen, sammeln Sie Ihre Unterlagen, erheben Sie sich und machen Sie den Eindruck, als wollten Sie gleich gehen (im Gegensatz zu früheren Angeboten, als Sie auf dem Stuhl zurückgelehnt zu verstehen gaben, dass Sie mit einem Fortgang der Verhandlung rechnen). Sprechen Sie eindringlich und fest, aber überstürzen Sie den Abschluss der Verhandlung nicht.

Das letzte Angebot bekräftigen

Eine sorgsam gewählte Formulierung kann andeuten, dass Sie Ihr letztes Angebot unterbreiten möchten. Bedienen Sie sich dazu klarer, unmissverständlicher Worte. Sprechen Sie mit ruhiger, gefasster Stimme und in ständigem Blickkontakt mit dem Gegner.

“Ich habe keine Befugnis der Zentrale zu einem weiteren Angebot.”

“Dies ist mein endgültig letztes Angebot. Darüber hinaus habe ich keinerlei Spielraum mehr.”

“Ich bin bereits sehr viel weiter gegangen, als ich wollte.”

“Ich komme in Zeitnot. Stimmen Sie meinem Angebot zu, sonst muss ich aufbrechen, ich habe noch einen anderen Termin.”

Abschluss fördern

Wenn Sie Ihr letztes Angebot unterbreitet haben, kann die Gegenseite es einfach annehmen. Tut sie es nicht, dann können Sie sie vielleicht dazu bewegen, selbst ein annehmbares letztes Angebot abzugeben. Suchen Sie nach Punkten, die der Gegenseite nicht eingefallen sind, die zu einer Einigung beitragen könnten. Versuchen Sie, sich in die Lage der Gegenseite zu versetzen und zu verstehen, was diese vom Abschluss abhalten könnte.

82 Betonen Sie die Gemeinsamkeiten, die Sie gefunden haben.

Der Gegenseite zum Abschluss helfen

Methoden	Ergebnisse
Vorteile betonen Konzentrieren Sie sich darauf, der Gegenseite die Vorteile des vorgeschlagenen Handels klarzumachen. Sie sollten jedoch verschweigen, dass das Geschäft auch Ihnen nutzt.	• Hilft der Gegenseite, bei Annahme des Angebots Vorteile zu sehen, an die sie zuvor nicht gedacht hat. • Zeichnet das Bild einer Situation, in der beide Seiten gewinnen, nicht nur eine.
Ermuntern und applaudieren Begrüßen Sie jeden konstruktiven Vorschlag der Gegenseite, egal wie lange es gedauert hat. Wenn Sie nicht zustimmen wollen, können Sie später immer noch Nein sagen.	• Schafft ein positives Klima, das die Verhandlung dem Abschluss näher bringen kann. • Ermöglicht es, Kritik an den eigenen Gegenvorschlägen aus dem Weg zu gehen. • Vermeidet es, der Gegenseite in einem vielleicht wesentlichen Punkt entgegenzutreten.
Gewinner und Verlierer vermeiden Betonen Sie, dass Ihnen an einem Ergebnis liegt, das für beide Seiten gleichermaßen annehmbar ist. Peitschen Sie keine Annahme durch, die der Gegner später als aufgezwungen empfindet.	• Verhindert feindselige Auseinandersetzung, die wahrscheinlich in einer Sackgasse endet. • Fördert eine entspannte Atmosphäre, in der ein konstruktives Gespräch stattfinden kann. • Lässt Gegenvorschläge zu.
Gesicht wahren Lassen Sie der Gegenseite einen Fluchtweg offen, indem Sie hypothetische Fragen oder Vorschläge vorbringen: »Wie würden Sie darüber denken...?« oder »Was wäre, wenn wir...?«	• Erhöht die Wahrscheinlichkeit, dass die Gegenseite ihre Angebote sorgfältig prüft. • Bedeutet, dass sich die Gegenseite weniger bedrängt fühlt, Ihre Vorschläge anzunehmen oder abzulehnen, und dadurch schneller zu einer Entscheidung kommt.

EINEN KOMPROMISS ERARBEITEN

Versuchen Sie in jedem Verhandlungsstadium eine Kompromisskultur zu schaffen. Die Gegenseite sollte bis zum Abschluss wissen, dass Sie flexibel und undogmatisch sind. Wenn die Gespräche gut verlaufen sind, sollte sich von selbst eine Atmosphäre der Verständigung einstellen. Jede Seite wird erkannt haben, dass auch etwas für die gegnerischen Argumente spricht und jeder dem anderen entgegenkommen muss. Bewahren Sie sich bis zum Ende der Verhandlung ein paar kleine Trümpfe auf (z. B. leicht entbehrliche Vorteile), die Sie notfalls eintauschen können. Reagieren Sie nicht übereilt auf Angebote der Gegenseite. Vielleicht kommt sie mit weiteren Vorschlägen, an die Sie noch nicht gedacht haben.

83 Versuchen Sie, das Zögern der Gegenseite zu verstehen.

84 Stimmen Sie einem Termin zur Überprüfung von Konzessionen zu.

NICHT VERGESSEN

- Etwas Zweideutigkeit kann einen Vorschlag aufwerten: »Die Räder der Diplomatie werden mit Zweideutigkeit geschmiert.«
- Ein großer Sprung nach vorn kann die Gegenseite beunruhigen. Es ist besser, langsam vorzugehen.
- »Es ist besser, die Wolle zu verkaufen als das Schaf.« Wichtige Ziele sollten nicht geopfert werden, bei kleineren ist es vertretbar.
- Autoritäre Formulierungen (»Ich bestehe darauf, dass…«) sollten vermieden werden.

85 Seien Sie höflich, aber beharrlich. Das verschafft Ihnen Respekt.

DAS LETZTE ZÖGERN ÜBERWINDEN

Wenn eine Verhandlung kurz vor dem Abschluss steht, herrscht auf beiden Seiten immer besondere Nervosität. Die Zeit zwischen der mündlichen Übereinkunft und der Unterschrift ist besonders heikel. Häufig werden Verhandlungsteilnehmer in diesem Stadium unruhig, manche versuchen, noch auszusteigen.

Zeigen Sie Verständnis, wenn die Gegenseite zögert. Erinnern Sie daran, dass der Vertrag auch für Sie Änderungen bringt und dass auch Sie aufgeregt sind. Sollte die Gegenseite weiterhin abspringen wollen, machen Sie ihr klar, dass so ein unrühmliches Verhalten ihrem Ruf schadet und ihr den Makel der Unzuverlässigkeit einbringt. Wenn Sie in der Lage sind, den Abschluss gegen Einwände der Gegenseite zu erzwingen, denken Sie daran, dass sich das negativ auf künftige Verhandlungen auswirken kann.

UMGANG MIT ABBRUCH

Wird eine Verhandlung abgebrochen, muss umgehend gehandelt werden, damit die Situation nicht irreparabel wird. Je länger das gegenseitige Schweigen währt, desto schwerer ist es, später wieder einen Ausgleich herzustellen.

86 Widerstehen Sie der Versuchung, Gleiches mit Gleichem zu vergelten.

▼ **IM ZORN GEHEN**

Zum Abbruch kommt es häufig, wenn eine Partei die Verhandlung im Zorn verlässt. In diesem Fall müssen sich die übrigen Teilnehmer überlegen, wie das Gespräch wiederaufgenommen werden kann.

SCHADENSBEGRENZUNG

Um den Schaden nach einem Verhandlungsabbruch zu begrenzen, sollten beide Seiten das Gespräch schnellstmöglich wieder aufnehmen. Das geschieht am besten in einem direkten Gespräch. Wenn der Abbruch sehr erbittert war, ist es vielleicht besser, zunächst schriftliche Schlichtungsversuche zu unternehmen. E-Mails sind dafür bestens geeignet, sie sind persönlich und schnell.

Aufgebrachte Teilnehmerin, die das Gespräch abbrechen will.

Teammitglied erklärt Handlungsweise der Kollegin.

Leiter der Gegenseite reagiert ungehalten auf den Weggang.

Gegnerisches Teammitglied erhebt sich, um die Situation zu retten.

EINEN RISS KITTEN

Versuchen Sie, einen Abbruch ohne Hilfe Dritter zu regeln. Wenn ein Teilnehmer den Raum verlassen hat, bringen Sie seine Kollegen dazu, ihn zurückzuholen. Wenn das gesamte Team geht, schicken Sie denjenigen aus Ihrem Team los, der die besten Beziehungen zu dem Team hat (vielleicht der »Good Guy«), damit er die anderen zurückholt. Lassen Sie einen Abbruch nicht so stehen, wenn die Folgen des Scheiterns schlechter sind als das Angebot, das zuletzt auf dem Tisch lag. Lässt sich ein Abbruch nicht beheben, müssen Sie einen Schlichter hinzuziehen.

87 **Bestehen Sie nicht auf einer Entschuldigung, wenn der Fall beigelegt ist.**

ABBRUCH REGELN ▶

John hatte das Ziel, die Belieferung durch Kims Unternehmen zu sichern. Daher war es nicht angebracht, auf eine unangenehme Situation so abrupt zu reagieren. Die künftige Beziehung wurde durch Johns Unbeherrschtheit zerstört. Es wäre besse gewesen, einen Dritten als Schlichter hinzuzuziehen.

FALLBEISPIEL

John flog nach Taiwan, um von Kims Firma Geld für eine Lieferung Fahrräder zurückzufordern, die Johns Chef als fehlerhaft bezeichnete. John wusste, dass andere Hersteller sofort einspringen und ihn beliefern würden, aber er wollte Kims gut eingeführtes Lieferprogramm ungern aufgeben.

Kim war nicht imstande, John finanziell zu entschädigen; sie konnte die Fahrräder nur ersetzen. Das reichte John aber nicht, um den Ruf seiner Firma bei den Käufern der fehlerhaften Räder wiederherzustellen.

Johns Flugzeug flog in drei Stunden zurück. Er hielt es für sinnlos, sich so lange Kims hinhaltende Ausflüchte anzuhören. Verärgert stand er auf und ging. Kim war betreten, wollte jedoch nicht ihr Gesicht dadurch verlieren, dass sie ihm nachlief und ihn zurückholte. John kauft seine Fahrräder inzwischen in den USA, Kims Firma hat den Verlust eines wichtigen Kunden zu verbuchen.

88 **Nehmen Sie sofort Kontakt zur Gegenseite auf.**

89 **Vereinbaren Sie einen Termin für künftige Gespräche.**

VORSÄTZLICHER ABBRUCH

Manchmal provoziert eine Seite bewusst den Abbruch der Verhandlung. Wenn Ihr Team unerwartet neue Informationen vorlegt, welche die Position der Gegenseite vollkommen auf den Kopf stellen, kann sie auf der Stelle einwilligen, um eine Vertagung bitten oder einen Abbruch inszenieren. Ein Abbruch ist zwar nicht hilfreich, aber die Gegenseite könnte eine Fortführung der Gespräche als nutzlos ansehen. Bleiben Sie in einem solchen Fall ruhig. Versuchen Sie mit Diplomatie, die Angelegenheit zu schlichten.

Die Schlichtung

Wenn Sie alles versucht haben und die Verhandlungspartner trotzdem nicht zu einer Einigung gekommen sind, dann brauchen Sie einen Schlichter. Durch die Zustimmung zum Schlichter zeigen die Beteiligten, dass sie die Situation retten wollen.

90 Betrachten Sie den Einsatz eines Dritten als positiven Schritt.

91 Überlegen Sie sich eine Schlichtung gut – sie ist teuer.

Der Schlichtungsprozess

Schlichten ist der Vorgang, bei dem festgefahrene Parteien die Vorschläge eines von beiden Seiten akzeptierten Dritten prüfen. Allerding müssen sie dessen Empfehlungen nicht unbedingt folgen. Der Schlichter fungiert für die Verhandlungspartner als Schiedsrichter und versucht, Gemeinsamkeiten zwischen beiden Positionen zu finden. Sobald Gemeinsamkeiten festliegen, kann der Schlichter anfangen, für beide Seiten annehmbare Wege aus der Sackgasse zu suchen.

Rolle des Schlichters ▼

Der ideale Schlichter ist unvoreingenommen, berücksichtigt alle Seiten, wird von beiden Parteien akzeptiert und hilft den Parteien eine eigene Lösung zu finden.

EINEN SCHLICHTER WÄHLEN

Ein Schlichter muss von beiden Seiten als unvoreingenommen anerkannt werden. Er muss kompetent und informiert sein, damit er für beide Seiten vernünftige Empfehlungen aussprechen kann.

Viele Menschen neigen dazu, eine Persönlichkeit in herausragender Stellung als Schlichter vorzuschlagen, z. B. einen ehemaligen Topmanager mit einschlägiger Erfahrung oder einen Ex-Diplomaten. Auch wenn ihre Autorität sich auf das Ergebnis auswirken kann, ist die Fähigkeit eines Schlichters, erfolgreich zu vermitteln, doch begrenzt, wenn er nicht in der Lage ist, eine Lösung vorzuschlagen. Ziehen Sie eine weniger prominente Person in Betracht, z. B. jemanden, der unorthodox denken kann, der keine vorgefasste Meinung über die Situation hat und der verschiedene ideenreiche Lösungsvorschläge machen kann.

92 **Schlichter müssen handeln, solange die Parteien Fortschritte wollen.**

93 **Berücksichtigen Sie auch unkonventionelle Lösungsvorschläge.**

DER UNTERHÄNDLER ALS VERMITTLER

Sie können zum guten Verlauf einer Verhandlung beitragen, indem Sie eine Doppelrolle übernehmen: In der einen Rolle sind Sie Verhandlungsteilnehmer mit besonderen Zielen, in der anderen Rolle aber Vermittler, der die eigenen Ziele mit denen der Gegenseite in Einklang zu bringen versucht. Versuchen Sie, die eigenen Ziele zu erreichen und gleichzeitig Gemeinsamkeiten zu finden und Empfehlungen zu geben, die für beide Seiten annehmbar sind.

Für die Rolle des Unterhändlers als Vermittler muss unbedingt eine vielseitige, diplomatische Persönlichkeit gewählt werden. Vielleicht sind Sie ein Mensch für diese Doppelrolle: Suchen Sie nach Ausgleich im Leben? Ziehen Sie »Wir«-Aussagen den »Ich«-Aussagen vor? Vermeiden Sie energische, aggressive Teammitglieder für diese Rolle – diese lässt man wohl besser reden und Vorschläge machen, aber wenn die Verhandlung platzt, sollten sie beiseite treten.

AUSGLEICH ▶
Die Rolle des Unterhändlers als Vermittler setzt Unvoreingenommenheit voraus, damit die Interessen beider Seiten vertreten werden.

DAS SCHIEDSVERFAHREN

Wird eine Verhandlung abgebrochen, kann man den Streit mit Hilfe eines Schiedsverfahrens regeln. Ein Dritter muss aus der Sackgasse heraushelfen. Beim Schiedsverfahren müssen sich beide Seiten an die Entscheidung des Schiedsrichters halten.

94 Ein gutes Schiedsverfahren ist teuer, aber sein Geld wert.

WAHL DES SCHIEDSVERFAHRENS

Bei einem Schiedsverfahren gibt es mehrere Möglichkeiten: Bedienen Sie sich nebenamtlicher Schiedsstellen oder Schiedsverfahren Ihrer Branche. Oder bitten Sie ein Gericht, eine unabhängige Einzelperson oder ein Berufsorgan, für Sie zu vermitteln. Wenn das jedoch die Einschaltung von Experten und formale Abmachungen erfordert, dann ist das Schiedsverfahren langwierig und teuer – prüfen Sie also die Alternativen.

95 Informieren Sie sich, damit Sie das Schiedsverfahren verstehen.

DER SCHIEDSRICHTER ▼
Der ideale Schiedsrichter ist unvoreingenommen, von allen Seiten respektiert, durchsetzungsfähig und verschwiegen.

VORTEILE EINES SCHIEDSRICHTERS

Der Schiedsrichter hat die Aufgabe, über eine gerechte Einigung zwischen den Verhandlungspartnern zu entscheiden und diese Entscheidung dann durchzusetzen. Das Schiedsverfahren verhindert wirksam, dass Teilnehmer den Verhandlungstisch ohne Einigung verlassen. In Extremfällen können die Gerichte angerufen werden, um die Entscheidung zu vollziehen.

Beschaffen Sie alle Informationen, damit der Schiedsrichter den Fall prüfen kann. Sie profitieren von diesem Verfahren, da die Schiedsstelle unabhängig arbeitet – jede Seite wird vertraulich gehört und die Entscheidung geht nur den betroffenen Parteien zu. Bei Handelsstreitigkeiten ist das besonders bedeutsam – viele Firmen möchten auf jeden Fall öffentliches Aufsehen vermeiden.

NICHT VERGESSEN

- Ein Schiedsverfahren empfiehlt sich, wenn viele Teilnehmer mit komplizierter Interessenlage betroffen sind.
- Anwälte und Berater sind oft geeignete Personen für die Rolle eines Schiedsrichters.
- Ein Schiedsrichter ähnelt einem Richter. Sein Schiedsspruch kann eingeklagt werden.
- Schiedsrichter können bestimmen, wie ihr Honorar zwischen den Verhandlungsparteien aufgeteilt werden soll.
- Einige Verträge bestimmen das Schiedsverfahren, das bei Auseinandersetzungen angewandt werden soll.

96 Wählen Sie einen Schiedsrichter, dem beide Seiten vertrauen können.

97 Bitten Sie notfalls einen Dritten, einen Schiedsrichter zu ernennen.

GERICHTE ZUR DURCHSETZUNG VON ENTSCHEIDUNGEN

Gerichte sind der letzte Ausweg für Verhandlungspartner – wenn sie sich nicht einigen können und die Urteile unabhängiger Dritter unannehmbar sind, sei es aus einer Vermittlung oder einem Schiedsverfahren. Jedes Gerichtsverfahren ist teuer und trägt den Streit an die Öffentlichkeit. Das setzt die Unterhändler oft neuen, unangenehmen Zwängen aus. Holen Sie daher immer juristischen Rat ein, bevor Sie rechtliche Schritte ergreifen. Eine Firma mit einem kurzfristigem Cashflow-Problem sollte sich um eine private Umschuldungsvereinbarung mit ihren Gläubigern bemühen. Wenn diese Probleme vor Gericht kommen, besteht die große Gefahr, dass die Firma bankrott geht, wobei sowohl die Firma als auch ihre Gläubiger leer ausgehen können.

ENTSCHEIDUNG UMSETZEN

Sobald Sie eine Einigung erreicht haben – sei es ohne oder mit Hilfe eines Dritten –, müssen Ihre Vereinbarungen umgesetzt werden. Erstellen Sie einen Aktionsplan und benennen Sie geeignete Mitarbeiter, um den Plan durchzuführen.

98 Erstellen Sie einen Ablaufplan, wie die Aktion ausgeführt werden sollte.

99 Erstellen Sie einen Zeitplan für die Durchführung der Aktion.

KONSENS ÜBER UMSETZUNG

Sobald bei einer Verhandlung Einigung zwischen den Parteien erreicht ist, sollte das Ergebnis festgehalten und unterzeichnet werden. Sodann müssen Sie sich einigen, wie die Entscheidungen durchgeführt werden sollen. Vielleicht betrauen Sie ein gemeinsames Team mit der Umsetzung, vielleicht geben Sie das Projekt lieber einer unabhängigen Gruppe. Entscheiden Sie bereits im Anfangsstadium über mögliche Sanktionen, wenn das Projekt nicht fristgerecht fertig wird – dabei kann es sich um Geldstrafen oder gerichtliche Schritte handeln. Bei der Durchführung einer Vereinbarung treten häufig unerwartete Probleme auf. Beauftragen Sie deshalb einen Teamchef, den Ablauf streng zu überwachen.

FALLBEISPIEL

Stefan besaß ein kleines Architekturbüro und bekam das Angebot, ein großes Bürogebäude neu zu gestalten. Er handelte einen Vertrag aus; für die Fertigstellung nannte er einen Termin von sechs Monaten.

Stefan konnte diesen großen Job nicht allein bewältigen. Daher holte er sich einen Innenarchitekten für Teppiche und Vorhänge sowie eine Assistentin für die Überwachung der täglichen Arbeiten. Das verschaffte ihm die Freiheit, sich um die eigentliche Gestaltung des Gebäudes zu kümmern.

Schnell wurde deutlich, dass Stefan nicht genug Zeit hatte, um die Installateure und Elektriker im Gebäude zu kontrollieren. Er übertrug diese Verantwortung seiner Assistentin, instruierte sie sorgfältig und gab ihr einen genauen Terminplan vor. Die Arbeiten wurden termingerecht fertiggestellt und hielten sich genau im vereinbarten Kostenrahmen.

◀ **EIN TEAM GUT EINSETZEN**

Nachdem Stefan den Vertrag ausgehandelt hatte, setzte er die Fähigkeiten seines Teams bestmöglich ein, indem er ihm bestimmte Verantwortungen übertrug. Als er sein Vorgehen änderte, wies er seine Assistentin gründlich ein und gab ihr einen verbindlichen Termin.

EIN TEAM ANWEISEN

Die ausgehandelte Vereinbarung wird oft von Menschen umgesetzt, die an den Verhandlungen gar nicht teilgenommen haben. Für sie sind klare und genaue Informationen unentbehrlich. Wenn Sie ein Team anweisen und Aufgaben zuteilen, achten Sie besonders auf ein exaktes Briefing: Wer muss was wissen? Wie bekommen die Teammitglieder Informationen und von wem? Wann erhalten sie aktualisierte Informationen? Wie lange haben sie Zeit, danach zu handeln?

100 **Überlegen Sie, wer über den Fortgang der Arbeiten informiert werden muss.**

DIE DURCHFÜHRUNG PLANEN

101 **Hinterlassen Sie einen guten letzten Eindruck. Er kann genauso wichtig sein wie der erste.**

Eine ausgehandelte Entscheidung ist erst dann ein Erfolg, wenn sie erfolgreich umgesetzt worden ist. Nehmen Sie also Termine und den Aktionsplan in die ausgehandelte Vereinbarung auf. Überprüfen Sie den Fortgang Ihres Aktionsplanes häufig – jeder Ausrutscher kann das Gesamtpaket gefährden, vor allem wenn größere Zugeständnisse nur eingeräumt wurden, um feste Ziele zu erreichen. Falls Probleme auftreten, lösen Sie diese durch weitere Verhandlungen.

◀ **POSITIV REAGIEREN**
Sorgen Sie durch positive und begeisterte Reaktionen für gute Stimmung am Verhandlungstisch, wenn Sie endlich zu einer Einigung über die Durchführung der Entscheidungen gekommen sind. Lächeln Sie, reichen Sie sich die Hand und beglückwünschen Sie sich gegenseitig herzlich.

KÖNNEN SIE VERHANDELN?

Ob am Arbeitsplatz oder zu Hause, jeder Mensch ist immer wieder in Verhandlungen verwickelt. Hier können Sie testen, ob Sie erfolgreich verhandeln. Kreuzen Sie bei den folgenden Aussagen die Antwort an, die Ihrer Erfahrung am nächsten kommt. Seien Sie ehrlich: Wenn Sie »Nie« antworten wollen, kreuzen Sie die 1 an, bei »Immer« die 4. Addieren Sie die Punkte und sehen Sie in der Auswertung nach, wie Sie abgeschnitten haben. An Ihren Antworten sehen Sie, wo Sie sich verbessern können.

OPTIONEN

1 Nie

2 Gelegentlich

3 Häufig

4 Immer

1 Ich ziehe vor Verhandlungsbeginn Erkundigungen über die Gegenseite ein.

1 2 3 4

2 Ich lese Hintergrundmaterial, bevor ich meine Strategie entwerfe.

1 2 3 4

3 Ich bin mir über die Hauptziele der Verhandlung im Klaren.

1 2 3 4

4 Ich wähle Verhandlungstaktiken, die meinen Zielen angemessen sind.

1 2 3 4

5 Meine Verhandlungstrategien ermöglichen, meine Hauptziele zu erreichen.

1 2 3 4

6 Ich weise Stellvertreter immer gründlich ein.

1 2 3 4

7

Wenn ich Stellvertreter betraue, gebe ich ihnen die notwendigen Kompetenzen.

1 2 3 4

8

Ich nehme in Verhandlungen meist eine flexible Haltung ein.

1 2 3 4

9

Ich glaube, dass Verhandlungen zum Vorteil beider Seiten sind.

1 2 3 4

10

Ich gehe mit dem Vorsatz in Verhandlungen, ein gutes Ergebnis zu erzielen.

1 2 3 4

11

Ich lege meine Punkte sprachlich einfach dar.

1 2 3 4

12

Ich lege meine Punkte logisch und klar dar.

1 2 3 4

13

Ich setze beim Gespräch mit der Gegenseite Körpersprache bewusst ein.

1 2 3 4

14

Ich vermeide es, die Schwächen der Gegenseite bloßzulegen.

1 2 3 4

15

Ich bin bei Verhandlungen immer höflich.

1 2 3 4

16

Ich nenne realistische Termine, die durch die Verhandlung bestätigt werden.

1 2 3 4

17 Ich lasse mich von meinem Instinkt leiten, um die Taktik der Gegenseite zu verstehen.

1 2 3 4

18 Ich habe genügend Kraft, um nötige Entscheidungen zu treffen.

1 2 3 4

19 Ich nehme Rücksicht auf kulturelle Unterschiede bei der Gegenseite.

1 2 3 4

20 Ich bin gut als Mitglied eines Verhandlungsteams.

1 2 3 4

21 Ich kann objektiv sein und mich in die Lage der Gegenseite versetzen.

1 2 3 4

22 Ich weiß, wie man die Gegenseite zu einem Angebot animiert.

1 2 3 4

23 Ich vermeide es, das Eröffnungsangebot zu machen.

1 2 3 4

24 Ich arbeite mich über mehrere bedingte Angebote zu einer Einigung vor.

1 2 3 4

25 Ich gehe meine eigentlichen Ziele Schritt für Schritt an.

1 2 3 4

26 Ich zeige Emotionen nur als Teil eines taktischen Schrittes.

1 2 3 4

27 Ich ziehe regelmäßig Bilanz vom Fortschritt der Verhandlungen.

1 2 3 4

28 Ich nutze Vertagungen taktisch, um Bedenkzeit zu bekommen.

1 2 3 4

29 Ich bringe Dritte ins Spiel, wenn die Verhandlung scheitert.

1 2 3 4

30 Ich bediene mich eines Vermittlers, um einen toten Punkt zu überwinden.

1 2 3 4

31 Ich achte darauf, dass jede Abmachung von allen Parteien unterzeichnet wird.

1 2 3 4

32 Ich strebe, wann immer möglich, eine für beide Seiten vorteilhafte Situation an.

1 2 3 4

Auswertung

Wenn Sie alle Fragen beantwortet haben, addieren Sie Ihre Punkte. In der Auswertung lesen Sie, wie Sie abgeschnitten haben. Wie auch immer das Ergebnis ausfällt, fast jeder hat jederzeit Möglichkeiten zur Verbesserung. Erkennen Sie Ihre Schwachstellen. Gehen Sie noch einmal diejenigen Abschnitte durch, in denen Sie mehr Information, praktische Ratschläge und Anregungen zur Aneignung und Verfeinerung Ihrer Verhandlungsfähigkeiten finden.

32–64: Ihr Verhandlungsgeschick ist schwach. Eignen Sie sich die Taktiken an, die für erfolgreiche Verhandlungen wichtig sind.

65–95: Sie haben einiges Verhandlungsgeschick. Der eine oder andere Bereich kann aber noch verbessert werden.

96–128: Sie verhandeln sehr erfolgreich. Bereiten Sie sich auch weiter gründlich vor.

REGISTER

DANK

DANK DER AUTOREN

Die Entstehung dieses Buches ist der Kompetenz vieler Menschen zu verdanken. Ich möchte insbesondere meine Lektoren bei Dorling Kindersley und meine Assistentin Jane Williams erwähnen.

DANK DES VERLAGS

Dorling Kindersley möchte Emma Lawson für ihre wertvolle Hilfe bei der Planung dieser Reihe danken, außerdem allen, die großzügigerweise Requisiten für Fotoaufnahmen zur Verfügung stellten, sowie folgenden Personen für ihre Hilfe und Mitarbeit:

Redaktion Tracey Beresford, Anna Cheifetz, Michael Downey, Jane Garton, Adèle Hayward, Catherine Rubinstein, David Tombesi-Walton; **Gestaltung** Helen Benfield, Darren Hill, Ian Midson, Simon J. M. Oon, Kate Poole, Nicola Webb, Ellen Woodward; **DTP-Assistenz** Rachel Symons; **Beratung** Josephine Bryan, Jane Lyle; **Register** Sibylle Tönjes; **Korrektorat** David Perry; Fotos Steve Gorton; **Spezialfotografie** Andy Crawford, Tim Ridley; **Foto-Assistenz** Sarah Ashun, Nick Goodall, Lee Walsh; **Illustrationen** Joanna Cameron, Yahya El-Droubie, Richard Tibbetts

Fotomodelle Felicity Crowe, Patrick Dobbs, Carole Evans, Ben Glickman, Sotiris Melioumis, Mutsumi Niwa, Ted Nixon, Kiran Shah, Fiona Terry, Tessa Woodward, Gilbert Wu; **Make-up** Elizabeth Burrage

Besonderer Dank gilt folgenden Personen und Organisationen für ihre Hilfe bei der Realisierung dieser Reihe:
Ron und Chris von Clark Davis & Co. Ltd für Schreibwaren und Möbel; Pam Bennett und dem Team von Jones Bootmakers, Covent Garden, für den Verleih von Schuhen; Alan Pfaff und dem Team von Moss Bros, Covent Garden, für den Verleih von Herrenanzügen; David Bailey für seine Zeit und seine Unterstützung; Graham Preston und dem Team von Staverton für ihre Zeit und ihre Räumlichkeiten sowie Anna Youle für ihre hilfreiche Unterstützung.

Lieferanten Austin Reed, Church & Co., Compaq, David Clulow Opticians, Elonex, Escada, Filofax, Mucci Bags

Bildrecherche Mariana Sonnenberg;
Bildarchiv Sam Ward

BILDNACHWEISE

Erläuterung: *o* oben, *u* unten, *m* mitte, *l* links, *r* rechts
Market Photo Agency Inc Umschlagvorderseite ur
Tony Stone Images Umschlagvorderseite or, 4-5, 15ur, 9ur, 65ur

---

DER AUTOR

Tim Hindle gründete »Working Words«, eine Beratungsfirma mit Sitz in London, die sich auf Unternehmenskommunikation und Marketing spezialisiert hat. Seit 1979 schreibt er für die Zeitschrift »The Economist«, zwischen 1994 und 1996 war er Herausgeber von »EuroBusiness«. Tim Hindle ist der Autor mehrerer erfolgreicher Bücher zu Wirtschafts- und Managementthemen. Bei Dorling Kindersley erschien von ihm »Erfolgreiches Management – Das Praxishandbuch« (gemeinsam mit Robert Heller).